SUA CARREIRA

SUA CARREIRA

Como avançar pra valer no mercado de trabalho
e construir a trajetória dos seus sonhos

MAÍRA **HABIMORAD** ▪ DONY **DE NUCCIO** ▪ SOFIA **ESTEVES**

GNEWS
Casa da Palavra

Este livro foi revisado segundo o Novo Acordo Ortográfico da Língua Portuguesa.

Revisão: Tiago Ramos
Projeto gráfico (capa e miolo) e diagramação: Sérgio Campante
Foto de capa: Tiago de Paula Carvalho

CIP-BRASIL. CATALOGAÇÃO-NA-FONTE
SINDICATO NACIONAL DOS EDITORES DE LIVROS, RJ

N876s

Nuccio, Dony De
Sua carreira: como avançar pra valer no mercado de trabalho e construir a trajetória dos seus sonhos / Dony De Nuccio, Maíra Habimorad, Sofia Esteves. – 1. ed. – Rio de Janeiro: Casa da Palavra, 2014.
208 p. ; 21 cm. (Conta corrente ; 2)

ISBN 978-85-7734-431-4

1. Finanças pessoais. 2. Educação financeira. I. Habimorad, Maíra. II. Esteves, Sofia .III. Título. IV. Série.

14-17098 CDD: 332.024
CDU: 332.024

CASA DA PALAVRA PRODUÇÃO EDITORIAL
Av. Calógeras, 6, 701 – Rio de Janeiro – RJ – 20030-070
21.2222 3167 – 21.2224 7461
divulga@casadapalavra.com.br
www.casadapalavra.com.br

SUMÁRIO

Agradecimentos

Este livro, embora seja um sonho antigo, nasce para valer com o projeto de reformulação no Conta Corrente. É, portanto, resultado do trabalho duro de uma equipe guerreira e talentosa, que todos os dias se dedica a levar o melhor do jornalismo e da economia para a tela da sua TV. Estas páginas não estariam em suas mãos sem o brilho, o empenho e a energia de cada craque deste entusiasmado time. Produtor, editores de texto e de imagem, ilustradores, repórteres, editor-chefe. É uma honra trabalhar com vocês.

O Conta Corrente também não existiria sem a alegria e a competência de assistentes de estúdio, operadores de áudio e de microfone, coordenadores, cinegrafistas, técnicos, diretores de TV. Cada um de vocês é parte desta história.

E toda essa empreitada, que surge da sinergia com o editor-chefe, João Carvalho, só foi possível na TV ou no papel graças ao ousado e valioso suporte da direção da GloboNews e da TV Globo. Eugenia, Mariano, Silvia, Ali, Schroder. Obrigado pela aposta e pela confiança.

Maíra e Sofia, talento e coração imensos. Parceiras de jornada nas páginas, nas câmeras e na vida. Vocês são incríveis.

Aos meus amigos e à minha família, que sempre me apoiaram e acreditaram nos meus sonhos e projetos, por maiores ou mais distantes que parecessem, todo meu carinho e mais profundo agradecimento. Vocês são a razão dos meus passos e a chama que motiva minha caminhada. E todas as páginas deste livro não bastariam para expressar minha gratidão.

Dony

Ao meu querido avô, Tito, que desde sempre – e agora, do alto – vibra a cada passo da minha longa caminhada.

Queremos agradecer a todos que fazem parte da nossa história e que nos ajudaram a ganhar bagagem para escrever este livro: nossas sócias Adriana, Carla e Lara e a toda a equipe da DMRH e Cia de Talentos.

Obrigada a toda a equipe do Conta Corrente e da GloboNews pelo convite para semanalmente dividir ideias e inspirações na televisão e, agora, através deste livro.

Jamais poderíamos deixar de agradecer a cada um que faz os bastidores do programa. Que equipe maravilhosa! Obrigada pelo carinho com que nos acolheram. Um obrigada especial ao Dony e ao João Carvalho que desde o primeiro dia apostaram no nosso talento.

A nossa imensurável gratidão vai para todos os milhões de profissionais que, ao longo dos anos, compartilharam suas experiências, ansiedades e dúvidas e mais do que tudo confiaram a nós suas carreiras.

Também agradecemos aos nossos clientes. Empresas que compartilham conosco suas estratégias e expectativas para juntos, construirmos um mundo de recursos humanos mais interessante e inovador.

Um muito obrigada especial a Giuliana Hyppolito, que nos ajudou com as pesquisas e revisões deste material e colocou sua estrela para brilhar, mais uma vez.

E por último aos nossos maridos que diariamente e incansavelmente seguram nossas mãos quando as coisas ficam difíceis e nos ajudam a ser tudo o que somos. Aos nossos pais a quem (ainda e para sempre) queremos orgulhar e aos nossos filhos, que são a razão para querermos construir um mundo melhor.

Com todo o nosso carinho,

Maíra e Sofia

Prefácio

O que você quer ser quando crescer?

Uma pergunta a que todos nós, quando crianças, tivemos que responder em algum momento. No meu caso, primeiro disse que seria um astronauta... depois mudei para ator de novela... diplomata, publicitário e por fim jornalista.

A escrita e suas infindáveis possibilidades sempre me causaram fascínio. E ao longo do tempo, o encantamento foi aumentando e se tornando uma pista cada vez mais clara do caminho profissional que eu iria seguir. E assim fui, rumo ao jornalismo televisivo que une texto e imagem, conta com a hiperatividade viciante de uma transmissão ao vivo e ainda me despertou para a importância do som das coisas que são faladas, não apenas lidas.

Para muita gente, a carreira começa lá atrás, com os interesses despertados ainda na infância e com o sinal de habilidades individuais que poderão vir a ser a marca deste futuro profissional.

Não importa que caminho escolha, a sua carreira vai depender de muito esforço, persistência e dedicação. No decorrer do caminho, obstáculos surgirão com frequência, e superá-los vai te aproximar, cada vez mais, do sucesso. Insista e nunca desista!

Seja qual for a carreira eleita por você, caro leitor, alguns passos serão comuns a todos; e serão determinantes. Desde a elaboração do seu currículo, passando pela entrevista de emprego, mais tarde buscando uma promoção ou até se deparando com a reavaliação da sua vida profissional; todas estas etapas são naturais e te exigirão esforço e habilidade.

E foi pensando nestes aspectos e, sobretudo, na importância do mercado de trabalho na vida de cada um e na economia do país, que abrimos destaque para o assunto no novo Conta Corrente.

O jornal exclusivo de economia mais conhecido da televisão brasileira passou por uma reformulação no início de 2013, tentando se aproximar mais dos telespectadores ao usar uma linguagem fácil e mais informal ao abordar os assuntos relacionados à sua vida financeira como um todo.

Mas, afinal, que tipo de economia queríamos noticiar? Do que as pessoas precisam saber? Foram duas das primeiras perguntas que passaram pela minha cabeça quando fui convidado a reformular o jornal.

Meu primeiro palpite foi que o tom deveria ser utilitário: falar da economia real que afeta diretamente o cotidiano de quem nos assiste. A partir daí, fizemos pesquisas com diferentes grupos de telespectadores para entender qual o tamanho do apetite por cada um dos assuntos que propus investigar. E foi sem surpresa que veio a constatação de que o mercado de trabalho está no centro das atenções de quem nos assiste.

Sugeri, então, quadros em dias fixos, toda semana, em que pudéssemos discutir temas ligados a cada uma dessas áreas de grande importância. Daí surgiram os quadros Sua Carreira, Seu Bolso, Seu Negócio e Seu Investimento. E o tema que trazemos neste livro ficou alocado nas segundas-feiras, afinal tem dia melhor para pensar nos próximos passos profissionais do que o primeiro da semana, seguindo as folgas de sábado e domingo?

Ainda na fase de implantação do novo jornal, quando ainda nem programas pilotos tínhamos gravado, tivemos a sorte de encontrar duas parceiras formidáveis que sabem tudo de mercado de trabalho. Sofia Esteves e Maíra Habimorad têm uma longa e sólida história profissional na área de Recursos Humanos e *Headhunting*; são duas das mulheres mais inteligentes que já conheci e, outra sorte, têm a habilidade de se comunicar de uma forma clara, direta e eloquente. Estas forças, somadas ao talento do jovem e genial apresentador Dony De Nuccio, foi a receita do sucesso. Rapidamente, o quadro Sua Carreira caiu nas graças do público.

A missão de colocar no ar um novo jornal só pôde ser concluída com a dedicação e o talento de uma equipe fantástica: Rodrigo Celestino, Viviane Maia, Maurício Martins, Carlos Eduardo Novaes, Rodrigo Cunha e muitos outros que diretamente ou indiretamente participaram desta empreitada; não posso deixar de mencionar a diretora da GloboNews, Eugenia Moreyra, a visionária que me confiou essa tarefa e sempre apostou no brilhantismo de nossa equipe aguerrida.

Caro leitor, nas próximas páginas, Dony, Sofia e Maíra vão te guiar por algumas das principais etapas rumo ao sucesso profissional, já vistas no jornal e que agora ganham ainda mais profundidade. Convido você a embarcar nesta jornada, certo de que este livro e o nosso programa vão, a cada dia, contribuir mais um pouquinho para o seu êxito. Afinal o seu sucesso é o nosso grande desejo.

Boa leitura!

João Mostacada Carvalho
Editor-chefe do Conta Corrente

INTRODUÇÃO

O mercado de trabalho faz parte da sua vida desde muito cedo. Antes mesmo de pronunciar as primeiras palavras, é possível que algum parente já especulasse sobre seu futuro profissional: "Será que ele vai ser um empresário? Artista? Engenheiro? Médico? Arquiteto? Jogador de futebol?" Ou então: "Será que ela vai ser uma Executiva? Cantora? Bailarina? Professora? Psicóloga? Presidente?"

Quantas vezes já te perguntaram: "O que você quer ser quando crescer?"

Mas, muito além de uma aspiração infantil ou elucubração familiar, a carreira exerce papel fundamental na vida de qualquer pessoa. Mesmo que se trate de um herdeiro milionário ou vencedor da loteria, ela é a ponte que liga você a seus sonhos.

Portanto, não há tempo a perder. É preciso empenhar o máximo de energia e conhecimento para encurtar os caminhos rumo à companhia, ao cargo, ao salário e à função que você almeja. E foi pensando nisso que preparamos este livro.

Vamos revelar os bastidores dos processos seletivos. Explicar como ter um bom desempenho em uma entrevista de emprego, preparar adequadamente o currículo, destacar-se na empresa. Falaremos sobre as diversas etapas na carreira – do estágio à direção da companhia.

Vamos mostrar a diferença entre um chefe, um gestor e um líder, e indicar as qualidades necessárias para que você possa se tornar um deles.

Explicar os fatores avaliados na retenção de talentos, os instrumentos de *mentoring* e *coaching*, as estratégias para construir um bom *networking*, a pós-graduação mais indicada para o seu caso.

Vamos ainda identificar os erros e apontar os acertos para que você possa se tornar um profissional mais completo, consciente, preparado. E, assim, dar passos mais largos e ágeis para se destacar no mercado de trabalho.

Queremos te ajudar a construir uma carreira sólida, promissora, brilhante, vitoriosa e bem-sucedida. A carreira dos seus sonhos.

Boa leitura e mãos à obra!

Dony, Maíra e Sofia

1

PREPARANDO UM **CURRÍCULO IDEAL**

O conhecimento era um bem privado, associado ao verbo saber. Agora, é um bem público, ligado ao verbo fazer. – Peter Drucker

HEIN??

A palavra "currículo" vem do latim ***Curriculum Vitae***, que traduzindo ao pé da letra significa "trajetória de vida". É o documento usado como forma inicial de apresentação para se candidatar a uma vaga de emprego. Ele resume suas qualificações e aptidões, passando pelas experiências acadêmicas e profissionais. Ao longo do capítulo usaremos o termo em português, currículo, ou a abreviação do latim, "CV".

A quantidade de currículos que chegam às mãos de gestores importantes, em empresas ou funções nas quais muitos querem trabalhar, é assombrosa. E a constatação é cristalina: muitos candidatos já empacam exatamente nesta etapa – às vezes antes mesmo de o leitor chegar à segunda página do seu CV!

Em outras palavras, o currículo, sozinho, dificilmente vai garantir uma vaga. Mas ele, sozinho, pode eliminar suas chances como candidato. Portanto, não vale a pena bobear neste ponto.

Saber elaborar um currículo objetivo, interessante e pragmático não tem nada de complexo. São regras simples e práticas que você pode aprender e aplicar sempre que precisar enviar o resumo das suas qualificações profissionais daqui para a frente.

O currículo é o seu primeiro cartão de visitas. É ele que vai deixar para o recrutador uma boa – ou péssima – impressão a seu respeito. E, consequentemente, barrar o seu progresso ou permitir que você passe para a próxima etapa do processo seletivo (talvez a entrevista, para a qual já se preparou no capítulo anterior).

#FICAADICA!

Não enrole! O que vai tornar seu currículo convincente não é o número de palavras, linhas ou páginas. Procure ser objetivo e didático, e isso também vale para a formação acadêmica e a experiência profissional. Só o mais relevante deve estar no currículo.

Quando um profissional de Recursos Humanos ou um chefe em um determinado departamento pega um currículo na mão, ele não está com disposição de ler páginas infindáveis ou um resumo detalhado exaltando as qualidades do candidato. Ele quer achar rapidamente sua formação acadêmica, os lugares onde trabalhou, principais realizações e projetos, os cursos que frequentou e as habilidades que adquiriu. Não canse seu leitor.

Não existe uma maneira única de preparar um currículo. Diversas variações de forma e modelo são aceitáveis para os recrutadores. Mas alguns tópicos são comuns e obrigatórios a qualquer tipo de CV.

A CARTILHA

TÓPICOS INDISPENSÁVEIS PARA QUALQUER CURRÍCULO

Dados pessoais atualizados

Objetivos

Histórico profissional

Formação acadêmica

Idiomas (fluência e certificados)

Cursos, Seminários e Eventos

Outras Experiências

O que deve conter cada tópico e como organizar estas informações:

Dados Pessoais: nome completo, data de nascimento em formato de dia, mês e ano, endereço completo com CEP, telefone atualizados para contato, endereço de e-mail.

Objetivos: área de interesse e/ou cargo pretendido. Não tem problema ter mais que uma área de interesse, mas você deve incluir no máximo duas, e qualquer objetivo profissional deve estar alinhado com a experiência e formação acadêmica. Por exemplo: "Vendas e Marketing" ou "Posição Gerencial em Controladoria". Um cuidado importante tem a ver com o nível hierárquico. Em qualquer fase da carreira, o objetivo profissional deve conter seu atual ou próximo passo. Não tem problema nenhum ser ambicioso e querer ser o presidente, um dia. Esse apetite para crescer é ótimo! Mas dificilmente alguém vai de analista a CEO em um único passo.

Histórico profissional: deve ser descrito em ordem cronológica inversa, ou seja, da experiência mais recente para a mais antiga. Ao lado do nome da empresa, incluir o período total – mês e ano de entrada e saída. Se ainda estiver na companhia, coloque somente o mês e ano de início no emprego. Caso prefira, pode adicionar a palavra "atual" após a data de ingresso.

Logo abaixo do nome da empresa, incluir uma breve descrição com a nacionalidade, porte e segmento onde a companhia atua. Ex.: "Empresa multinacional sueca de médio porte, segmento farmacêutico."

Abaixo do nome da empresa, incluir cada cargo pelo qual passou e ao lado o tempo que ficou na função (mês e ano). Faça uma breve descrição das atividades realizadas, assim como principais projetos e resultados alcançados. Isso pode ser feito em tópicos ou em um breve parágrafo.

Experiências empreendedoras, em que você foi ou é dono da própria empresa, devem ser descritas normalmente, como se fosse um trabalho padrão em qualquer empresa.

Formação Acadêmica: este tópico deve incluir os cursos técnicos, de graduação, pós-graduação, MBAs, especializações, mestrado e doutorado. Sua formação deve ser descrita em ordem cronológica e de importância. O título ou diploma mais importante vem primeiro. Por exemplo: "mestrado, nome do curso, nome da Instituição, mês/ano de graduação." Caso você não tenha um curso de graduação e sim uma formação técnica, a regra é a mesma: descreva primeiro a formação mais relevante para sua atuação e em seguida as demais.

Idiomas: está mais do que provado que o domínio de idiomas é fundamental para uma atuação profissional sólida e crescimento na carreira. Só que mais importante do que falar "*pero no mucho*" diversos idiomas é ter fluência em pelo menos uma língua, de preferência inglês ou espanhol (as mais faladas no mundo dos negócios). No CV, coloque o idioma e seu nível de conhecimento. Está na dúvida de quanto você sabe mesmo? Será que o que você arranha de inglês pode ser considerado intermediário? E o seu espanhol, é avançado ou é um "portunhol" sem-vergonha mesmo? Calma. Vamos te ajudar. Essa tabela abaixo é uma mão na roda para determinar sua fluência:

DESCOBRINDO SUA FLUÊNCIA EM OUTROS IDIOMAS

Nível	O resultado sinaliza que:
Não tem conhecimento	Não sabe praticamente nada do idioma.
Básico	Compreende e utiliza expressões e enunciados simples que visam a satisfazer necessidades imediatas. Apresenta-se ou apresenta alguém e faz perguntas ao seu interlocutor sobre assuntos como, por exemplo, o local onde vive, as suas relações, o que lhe pertence etc. Responde ao mesmo tipo de questões. Comunica-se de forma simples desde que o seu interlocutor fale clara e pausadamente e se mostre paciente.
Intermediário	Compreende os pontos principais quando o idioma é utilizado de forma clara, tratando-se de aspectos familiares em contextos de: trabalho, escola, atividades de lazer etc. É capaz de participar na maior parte das situações que podem ocorrer em viagem numa região onde a língua-alvo é falada.
Avançado	Além de ter todas as qualidades do nível intermediário, possui discurso simples e coerente sobre assuntos familiares. É capaz de relatar acontecimentos, experiências, expressar um desejo ou uma ambição e justificar, de forma breve, as razões de um projeto ou de uma ideia.
Fluente	É capaz de compreender o conteúdo principal de assuntos concretos ou abstratos num texto complexo ou numa discussão técnica na sua especialidade. É capaz de se comunicar com grande espontaneidade com um falante nativo. Consegue se expressar de forma clara sobre uma vasta gama de assuntos, além de poder emitir opinião sobre uma questão atual e discutir sobre as vantagens e as desvantagens com diferentes argumentos.

Se você tiver certificado ou nota de algum teste reconhecido pelo mercado, pode incluir no CV. Isso ajuda na demonstração dos seus conhecimentos.

TESTES E CERTIFICADOS MAIS RECONHECIDOS PELO MERCADO

Teste / Certificado	Avaliação / Metodologia
TOEFL (Test of English as a Foreign Language)	Tem como objetivo principal avaliar o inglês de quem pretende ingressar em universidade dos Estados Unidos ou Canadá. Portanto, vocabulário e textos mais voltados a temas acadêmicos.
TOEIC (Test of English for International Communication)	É um exame para comunicação internacional, que mede a proficiência em inglês de um estrangeiro em situações cotidianas, e principalmente em interações típicas do mercado de trabalho.
CPE (Certificate of Proficiency in English) IELTS (International English Language Testing System)	Ambos podem ser requisitados para admissão em universidades britânicas, embora algumas delas também aceitem o TOEFL. Têm, portanto, orientação acadêmica (sendo que no IELTS o aluno pode optar por um exame com orientação geral, isto é, não com vistas a estudos acadêmicos).
DELE (Diploma de Espanhol como Língua Estrangeira) DELF (Diploma de Estudos em Língua Francesa) DALF (Diploma de Aprofundamento em Língua Francesa) Celi (Certificado de Conhecimento de Língua Italiana) CILS (Certificado de Italiano como Língua Estrangeira)	Os países da União Europeia, em geral, seguem uma tabela comum de níveis de domínio de um idioma. A escala é dividida em seis níveis, que vão de A1, o mais básico, a C2, proficiente. Em geral, a exigência para estudo no exterior é do nível B2 (equivalente ao intermediário-avançado) ou os dois níveis acima dele, que são o C1 (fluente) e o C2 (nativo).

Para dar uma "valorizada" no currículo, tem gente que acaba colocando informações um pouco diferentes da realidade. Parte dessa "generosidade em causa própria" acontece na hora do idioma. Não é infrequente o candidato "arredondar para cima" suas habilidades linguísticas. Sobre isso, muito cuidado, pois parte do processo seletivo pode incluir um teste ou entrevista em outra língua. Parte-se do princípio de que tudo que está no CV é verdade. Depois de contratado a empresa provavelmente esperará que você realize atividades e tenha responsabilidades à altura do que descreveu durante a seleção. Para fugir da saia justa, seja bem preciso na descrição de suas habilidades, experiências e seus conhecimentos.

Cursos, Seminários e Eventos: somente os mais relevantes para sua carreira devem estar no CV. Se você é uma pessoa que participa de muitos cursos e seminários, faça uma análise de quais mais contribuíram de fato para sua trajetória e aquisição de conhecimentos. Eleja até 5 cursos. Para descrevê-los, use o nome do curso, da instituição e o mês e ano de conclusão.

Outras Experiências: neste tópico devem ser descritas outras experiências de vida e trabalho que sejam ou tenham sido relevantes para sua carreira. Alguns exemplos: condução de palestras (Ex.: "Palestrante no evento do Clube de Negócios ABC"), participação em grupos ou associações (Ex.: "Membro da Associação Brasileira de Recursos Humanos"), experiências internacionais (Ex.: "Viagem de 3 meses pela Europa para pesquisa de mercado"), acadêmicas (Ex.: "Monitoria do curso de Engenharia Civil"). Podem ser experiências acadêmicas ou pessoais, contanto que elas tenham de fato contribuído para seu desenvolvimento profissional e que você possa falar sobre elas em uma entrevista.

Neste tópico também deve estar descrita, caso possua, alguma **segunda atividade profissional**, como um analista de marketing que também atua como fotógrafo nos finais de semana, ou então executivo que faça parte de algum conselho de administração.

Além desses itens obrigatórios, você pode, caso julgue interessante e tenha informações realmente relevantes a acrescentar, incluir outros tópicos no seu currículo.

NÃO PRECISA! MAS, SE QUISER, PODE

TÓPICOS OPCIONAIS PARA O CV:

Hobbies e Interesses pessoais

Estado Civil e Filhos

O CV deve seguir um padrão mínimo para que possa ser lido e entendido por qualquer pessoa. Ele deve ser de fácil compreensão, pois o recrutador certamente não terá tempo – nem paciência – para "decifrar" um CV muito complexo ou organizado de forma muito diferente.

Hobbies e Interesses Pessoais: este tópico pode ajudar a diferenciar o seu CV do de outros profissionais que tenham a mesma qualificação que você. A ideia do tópico é ajudar quem está lendo a conhecer um pouco além da sua vida profissional. Para funcionar, deve ser breve, indicando no máximo 3 atividades ou interesses que possam realmente te distinguir. Um cuidado importante é não descrever algo absolutamente íntimo ou confidencial. Exemplos plausíveis: "participação em atividades voluntárias", "história da arte", "aeromodelismo", "autoria de blog ou páginas em redes sociais", "coordenador da associação de pais e mestres da escola dos filhos" etc.

Estado Civil e Filhos: como o objetivo do CV não é falar da sua vida pessoal, incluir o estado civil e se tem ou não filhos é totalmente opcional. Se incluir, ninguém vai achar estranho e se não incluir também não parecerá que está tentando esconder algo. Este tópico é realmente neutro e cabe a você decidir.

CASO REAL

Isso aconteceu de fato. Talvez você conheça histórias parecidas. Claro, não iremos revelar o nome do sujeito. Mas há um caso de um profissional que exagerou nos seus conhecimentos de inglês no CV, dizendo que era fluente, quando na verdade era intermediário. Meses depois de ter ingressado na empresa e apresentado ótimos resultados, foi convidado para participar de um projeto internacional de alta visibilidade que seria todo conduzido em inglês. Preocupado com a "mentirinha" do currículo e a iminência de ter a responsabilidade por apresentações e reuniões em inglês, tratou de agendar aulas particulares com o professor da empresa. O Diretor de RH, quando soube, o questionou. Por que alguém com fluência no idioma precisaria de um programa intensivo de aulas particulares? Neste momento, o profissional contou a verdade sobre o exagero no CV, argumentando que, "se não tivesse feito isso, não teria sido contratado". Apesar dos excelentes resultados, o profissional foi demitido. Não pela falta de fluência no idioma, mas pela falta de ética ao mentir no momento da contratação.

Moral da história. O currículo é seu cartão de visitas. Pode ser a grande ponte para ter uma chance na vaga ou empresa dos seus sonhos. Mas não tente vender gato por lebre, Ferrari por Fusca ou fluente por básico. Cedo ou tarde, a máscara cai. Seja sincero! E, se o seu currículo está fraco, não tente tapear o recrutador. Melhore seu conteúdo! Faça cursos, treinamentos, aulas, projetos.

E este é só um exemplo. Mas existem algumas mancadas frequentes dos candidatos na hora de preparar o documento do seu resumo profissional. Olhe com atenção, e fuja do mico!

FUJA DO MICO!

OS 8 ERROS FATAIS NA HORA DE PREPARAR UM CV

1. CV Livro
2. Excesso de detalhes
3. Muitas atividades, poucos resultados
4. Características e Competências
5. Foto - evite. Se for usar, escolha uma que passe uma imagem profissional
6. Endereços de e-mail duvidosos
7. Termos em outros idiomas ou acrônimos
8. Erros gramaticais

"CV Livro" é o nosso apelido carinhoso para aquele currículo que mais parece uma enciclopédia cheia de tópicos com longas descrições! Dá até arrepios no recrutador, que antes de conhecer o candidato já vai torcer o nariz.

O CV deve ser breve e interessante, destacando o melhor e mais relevante para a construção de sua carreira. Como regra de ouro, o CV deve ter até duas páginas. Não use frente e verso. Para posições de Diretoria, Vice-Presidência ou Presidência, são aceitáveis CVs de até 3 páginas. Nunca mais do que isso.

O **excesso de detalhes** é o que faz os currículos ficarem mais longos do que devem. Seja breve e específico, citando somente aquilo que mais contribuiu para sua história profissional e com foco nos principais projetos. Na hora de descrever as atividades, muitos cometem o erro de querer incluir cada pequena tarefa, esquecendo-se de concentrar-se no que realmente importa, os **resultados** atingidos.

Outra cilada comum é o **autoelogio de características e competências**. O objetivo de todo processo seletivo é identificar as competências do candidato e entender se elas estão à altura da vaga que se quer preencher. Identificar estas competências é trabalho do recrutador ou chefe da área. Nada de cair na tentação de escrever no CV: "Excelente habilidade de comunicação", "Ótima liderança de equipes". Além do risco de parecer arrogante, esta avaliação deve ser feita por quem está conduzindo a seleção e tem treinamento e experiência para isso.

Mico número 5: Foto! A **foto** no CV é completamente desnecessária, principalmente no currículo em formato de documento impresso ou eletrônico (normalmente em PDF ou Word). Evite. Sabemos que as redes sociais profissionais normalmente pedem uma imagem para o perfil, e aí, sim, vale a pena colocar. Caso contrário, só anexe uma foto se ela for explicitamente pedida pelo recrutador. Ah, e nesse caso, por favor, seja razoável na escolha! Nada de parecer excessivamente sexy, ou musculoso, ou sedutora, ou coisa do tipo. (Acredite, chega cada coisa nos departamentos de RH...). Você tem que passar uma imagem profissional. Não virar motivo de chacota.

Já falamos sobre o **cuidado com o endereço de e-mail**, mas vale reforçar. O ideal é que o endereço seja de um provedor conhecido e preferêncialmente usando seu nome e/ou sobrenome. Evitar referências pessoais ou piadinhas no nome de usuário, como por exemplo: sougato@abcd.com ou garotaesperta@xxx.com.

É sempre bom fugir do uso desnecessário de **termos em outros idiomas**, principalmente em inglês. Para que escrever *leadership* quando podemos escrever liderança? A regra não vale para termos que já foram incorporados na língua portuguesa, como *marketing* ou *networking,* por exemplo. O mesmo serve para **acrônimos.** Normalmente usamos esses recursos para abreviar nossa comunicação, mas nem todos conhecem estas siglas. Evite utilizá-las no CV e, se não tiver jeito, explique em parênteses o que significa. Ex.: "10 anos de experiência com PCP." Muitos compreendem que o acrônimo se refere a Planejamento e Controle da Produção, mas você sabia que PCP também se refere ao "Princípio da Casa dos Pombos", um teorema matemático desenvolvido por Johann Dirichlet em 1834?

E, por fim, muita atenção com **os erros gramaticais e ortográficos!** Especialmente quando o CV está sendo escrito no seu idioma, os erros não podem aparecer. É simples garantir que isso não aconteça: revise o texto mais de uma vez! Se houver qualquer dúvida com relação à escrita, pesquise antes de usar a palavra. Uma dica legal também é pedir para outra pessoa reler o seu CV. Falamos que é a tática dos "quatro olhos", que naturalmente enxergam mais do que dois, minimizando assim a chance de que você deixe escapar um erro.

Ainda assim, é nos detalhes que moram as dúvidas. Para ter certeza de que cobrimos todos os assuntos importantes (queremos que você mande muito bem com seu CV!), levantamos as principais questões que sempre aparecem na hora de elaborar um currículo. Vamos fazer um tira-teima?

#FICAADICA!

O fato de não ter experiência profissional é coerente com o início de qualquer carreira. Neste caso, descreva experiências acadêmicas (monitoria, trabalhos em grupo, competições, empresa júnior), extracurriculares (trabalho voluntário, intercâmbio, práticas esportivas) e capriche na descrição da sua formação acadêmica, citando boas notas, avaliações e conquistas que te diferenciem como estudante.

Cartas de apresentação ou recomendação são pouco utilizadas atualmente. O que possivelmente acontecerá é que, após a entrevista, o recrutador ou gestor da área pode pedir os nomes e contatos de ex-chefes ou pessoas com quem você trabalhou para checar referências profissionais. Estas informações não precisam estar no CV e devem ser enviadas caso, e quando, solicitadas. É de bom tom avisar às pessoas que você indicou como referências que elas poderão ser contatadas, assim podem estar preparadas. Escolha pessoas que falem com propriedade da sua atuação, escolhendo aquelas com quem trabalhou por mais tempo ou em projetos mais complexos e interessantes.

Alguns profissionais mais experientes possuem uma lista variada de cargos ocupados ou empresas nas quais trabalhavam para preencher o tópico "histórico profissional". Mas isso não vale para todos.

"Xiii... não tenho experiência profissional! E agora??"

Já falamos sobre os tópicos que seu currículo obrigatoriamente deve ter. Falamos sobre os itens opcionais. E tiramos as dúvidas mais frequentes na hora de preparar esse documento com seu perfil profissional. Mas, para não deixar margem para erros, vamos mostrar alguns exemplos de currículos.[1] O CV do nosso primeiro candidato, "Pedro Silva", é um verdadeiro desastre! Vamos identificar 5 grandes pecados cometidos neste currículo?

CURRÍCULO

NOME: PEDRO SILVA

Idade: 23 anos
Endereço: Rua da Árvore, 77 - São Paulo (SP)
Telefones para contato: (11)5555-5555 / (11)99999-9999
E-mail: pedrosilva1234@xx.com.br

OBJETIVO PROFISSIONAL

Analista de Marketing

FORMAÇÃO ACADÊMICA

- Formação Superior Completa em Administração de Empresas - USP (Universidade de São Paulo), concluída em dezembro/2010.
- Pós Graduação em Gestão Empresarial - USP (Universidade de São Paulo), concluída em julho/2012.

CARACTERÍSTICAS PESSOAIS

Sou muito esforçado e determinado. É incrível minha habilidade em entregar tudo aquilo que me comprometo e sempre surpreendo as pessoas por causa disso. Outra característica forte em mim é o meu bom relacionamento pessoal, sempre ouço as pessoas falando que sou de fácil convivência e uma pessoa de bom agrado.

EXPERIÊNCIA PROFISSIONAL

ABC Comércio de Calçados
desde janeiro/2009
Empresa nacional de pequeno porte, do segmento varejista
Assistente de Marketing

Desde que entrei na empresa, como Estagiário, venho atuando na área de Marketing e já passei por inúmeros desafios. Por exemplo, em 2009 logo que ingressei, precisei aprender sozinho, pois a pessoa que poderia me orientar havia saído de férias, então aprendi bastante coisa no dia a dia, mesmo sem suporte fui capaz de entregar meu trabalho de acordo com o esperado, cumprindo minhas responsabilidades da melhor forma. Quando esta pessoa voltou, as coisas ficaram mais tranquilas e consegui me organizar melhor e aprender mais com ela.

No final do ano, eu já recebi uma promoção e passei a atuar como Analista e neste cargo, participei de muitos projetos importantes para o negócio. Ajudei a desenvolver o novo site da empresa, participei da implementação de um sistema integrado, onde tiver bastante contato com profissionais de outras áreas; também desenvolvi um trabalho em parceria com Recursos Humanos, onde criamos campanhas internas para alavancar vendas.

Devo relatar, também, que a partir de 2011 até os dias atuais, estão sob minha responsabilidade: pesquisa de mercado, atualização de cadastro de produtos nos sistemas da empresa, interface com uma agência para a criação de nossas campanhas, análises comerciais para poder compor e revisar as novas estratégias da área de Marketing, apresentação e confecção de relatórios para o meu chefe.

Nestes anos todos, são inúmeras as oportunidades que tive para aprender e me desenvolver cada vez mais, sem dúvidas hoje sou um profissional de Marketing bem qualificado e admirado na empresa.

INFORMAÇÕES COMPLEMENTARES

1. CURSOS E APERFEIÇOAMENTOS

- Aperfeiçoamento de Pacote Office (2005)
- Curso de Teatro Amador (2005)
- Treinamento de Técnica de Vendas (2006)
- Curso de Formação em Letras (2007)
- Curso de Práticas Administrativas (2008)
- Gerenciamento de Projetos (2008)
- Formação para Doutores da Alegria (2009)
- Curso "Como Desenvolver sua Habilidade de Relacionamento" (2009)
- Curso de Férias - Cases de Sucesso em Marketing (2010)
- Curso de Férias - Marketing como Estratégia para o Negócio (2010)
- Curso de Fotografia (2010)
- Curso de Férias - Marketing Empresarial na Era Digital (2010)
- Formação Complementar em Finanças Empresariais (2011)
- Treinamento de Mobile Marketing (2012)

2. HOBBIES E INTERESSES

-Viagem (nacional e internacional)
- Jogar futebol
- Ir ao cinema
- Correr aos finais de semana
- Assistir a seriados
- Aprender a tocar instrumentos musicais
- História da Arte
- Fotografia
- Internet

....

Em que parte do CV esse candidato mandou bem? E onde pisou na bola? Vamos aos erros e acertos:

PEDRO SILVA	
Acertos	Erros
- Disponibilizou dados para contato; - Informou o objetivo profissional; - Informou as datas de conclusão de sua formação acadêmica; - Destacou o período em que trabalha na empresa; - Gramática correta.	- Idade: não utilizou o formato de data de nascimento, correndo o risco de deixar esta informação desatualizada; -Características Pessoais: muito elogio em boca própria não vale, não é?; - Longas descrições para falar de sua experiência profissional, deixando de se aprofundar nos resultados e tornando a leitura cansativa; - Relatou muitos cursos, alguns inclusive que não estão voltados a sua área de atuação; - Excesso de hobbies e interesses.

O CV da Maria Simões está um pouco melhor, só tem 3 falhas.

CURRÍCULO

NOME: MARIA SIMÕES

Data de Nascimento: 12/03/1989
Endereço: Rua Nacional, 100 ap. 32 - Jundiaí (SP)
Telefones para contato: (11)5555-4444 / (11)99999-8888
E-mail: mas@xx.com.br

OBJETIVO PROFISSIONAL

Estágio na Area Financeira (Periodo Matutino)

FORMAÇÃO ACADÊMICA

- Formacao Superior Completa em Economia - USP (Universidade de São Paulo)

IDIOMAS

Ingles - fluente
Espanhol - intermediário

RESUMO

Aluna do 3º ano de Economia, com passagem por empresas do segmento financeiro e atuação junto a Líderes de área. Busco ingressar em uma empresa que me ofereca plano de carreira e a possibilidade de atuar de forma generalista na area de financas, para que eu possa explorar os diferentes pilares deste setor e desenvolver habilidades técnicas e comportamentais. Disponibilidade e flexibilidade para revisar a grade curricular, caso haja alguma necessidade em termos de horário.

EXPERIÊNCIA PROFISSIONAL

Banco BetaD
Empresa nacional de grande porte, do segmento financeiro.
Estagiária

- Responsável pela confeccao de relatórios financeiros
- Controle de Contas a Pagar e Contas a Receber

Consultoria Simões S.A
Empresa nacional de pequeno porte, do segmento de consultoria financeiro.
Estagiária

- Nesta empresa familiar, tive minha primeira experiência profissional na área administrativo-finaceira. Atuei na organizacao de arquivos, revisao de contratos e cobranca junto a clientes e também fui responsável pelo controle de despesas.

Loja Vestindo Bem
Empresa nacional de pequeno porte, do segmento varejista.
Vendedora
- Venda de roupas femininas.

INFORMACOES COMPLEMENTARES

1. CURSOS E APERFEIÇOAMENTOS

- Inglês – Escola de Inglês Up (curso concluído)
- Windows
- Pacote Office

2. OUTROS

- Intercâmbio cultural para o Canadá, onde estudei por 9 meses e morei em casa de família, podendo atuar como Baby Sitter.
- Prêmio como Melhor Aluna do Ensino Médio.
- Ganhadora da Jornada de Matemática da Rede de Ensino Particular da cidade de Jundiaí.
- Vice-Presidente na Empresa Junior.

Vamos ver onde ela acertou e quais falhas cometeu?

MARIA SIMÕES	
Acertos	Erros
- Dados Pessoais completos, informando a data de nascimento no formato ideal; - Destacou seu objetivo profissional; - Escreveu um breve resumo, onde estão as informações mais relevantes sobre suas expectativas e conhecimentos; -Informou conhecimentos em outros idiomas.	- Deixou de colocar acentuações em diversas palavras (erros ortográficos); - Relatou suas experiências profissionais, no entanto não destacou os principais resultados alcançados; - Não informou datas de conclusão de cursos nem períodos em que trabalhou nas empresas.

Por último, o CV da Patrícia Andrade é o que está ideal. Tem todas as características que descrevemos neste capítulo!

CURRÍCULO

NOME: PATRÍCIA ANDRADE

Data de Nascimento: 03/11/1981
Endereço: Avenida Nova Petrópolis, 1200 casa 3
Rio de Janeiro - RJ
Telefones para contato: (21)2222-2222 / (21)8888-8888
E-mail: patand@xx.com.br

OBJETIVO PROFISSIONAL

Posição gerencial em Recursos Humanos

FORMAÇÃO ACADÊMICA

- Formação Superior Completa em Psicologia (UERJ - Universidade Estadual do Rio de Janeiro) - 02/2003
- Pós-graduação: Especialização em Administração de Recursos Humanos (UERJ - Universidade Estadual do Rio de Janeiro) - 07/2005
- MBA: Gestão de Pessoas (UERJ - Universidade Estadual do Rio de Janeiro) - 02/2010

IDIOMAS

Inglês - Avançado
Espanhol - Avançado

RESUMO

Profissional com dez anos de atuação na área de Recursos Humanos, sendo os três últimos anos dedicados a cargos de gestão. Graduação em Psicologia e extensão acadêmica em Administração de Recursos Humanos e Gestão de Pessoas. Experiência em processos de Recrutamento & Seleção, Treinamento & Desenvolvimento e Orientação de Carreira. Possuo total mobilidade geográfica.

EXPERIÊNCIA PROFISSIONAL

INDÚSTRIA DE ALIMENTOS PAP

Desde março/2007

Empresa multinacional francesa de grande porte, do segmento de bens de consumo

GERENTE DE RECURSOS HUMANOS

Desde Julho/2012 - atual

- Responsável pelo reposicionamento da área de Recursos Humanos na empresa, ficando a frente de projetos como:

Reformulação do Programa de Trainee da companhia, passando a conduzir o processo seletivo em parceria com uma consultoria de R&S especializada neste público;

Responsável pela implementação da metodologia de Feedback, liderando este projeto junto ao board Executivo de Recursos Humanos

Líder do processo de atualização do sistema de ERP, estando sob minha responsabilidade a interface com parceiros internos e externos (Tecnologia da Informação, Consultorias).

PRINCIPAIS RESULTADOS ALCANÇADOS:

- Aumento de 10% da equipe de Recursos Humanos;
- Aumento no índice de satisfação dos funcionários, obtendo crescimento de 42% no resultado da Pesquisa de Clima em sua segunda edição na empresa;
- Negociação com a vice-presidência para ampliação do Budget da área, conseguindo, através da apresentação de indicadores, 20% de aumento nos investimentos futuros em Recursos Humanos.

COORDENADORA DE RECURSOS HUMANOS

De outubro/2009 a Junho/2012

Coordenação dos Programas de Trainee e Estágio da organização, estando a frente de toda operação dos processos seletivos;

Desenvolvimento de indicadores para os principais processos de R&S e T&D;

Atuação junto ao time no desenvolvimento de treinamentos técnicos e comportamentais.

PRINCIPAIS RESULTADOS ALCANÇADOS:

- Estudo de um novo formato para os Programas de Estágio e Trainee da Organização, apresentando propostas de melhorias na concepção e formato destes programas;
- Padronização de processos da área, alcançando aumento de produtividade e redução de tempos de procedimentos internos.

ANALISTA DE RECURSOS HUMANOS

De março/2007 a setembro/2009

Operação dos processos de R&S, como: triagens curriculares, divulgação de oportunidades, acompanhamento de entrevistas e retornos aos candidatos;

Participação em projetos de R&D, atuando como parte da equipe no desenvolvimento de metodologias e ferramentas de avaliação e feedback;

Responsável pelo recrutamento interno de Jovem Aprendiz.

INFORMAÇÕES COMPLEMENTARES

1. CURSOS E APERFEIÇOAMENTOS

- Formação em *coaching* pelo Instituto *Coaching* do Brasil (agosto/2011)
- Palestrante (Temas: Carreira em Y, Gestão de Pessoas e Desmitificando Processos Seletivos

2. OUTROS

- Interesse em oportunidades no Nordeste;
- Disponibilidade para realizar viagens de longos períodos pela empresa.

A Patrícia acertou no alvo! Olha só por quê:

PATRÍCIA ANDRADE
Acertos
- Currículo objetivo, contendo as principais informações a respeito da trajetória profissional; - Observa-se a preocupação da candidata em destacar os períodos em que ocupou cada cargo dentro da empresa onde vem construindo carreira; - Resultados alcançados destacados; - Informou seus principais interesses e mobilidade.

#FICAADICA!

Algumas empresas usam seu próprio banco de dados ou sistema de gerenciamento de CVs. Portanto use as mesmas regras que já descrevemos, preenchendo cada campo com objetividade e precisão.

Redes sociais profissionais devem ser usadas com a finalidade de expor seu perfil profissional. Depois de construir seu perfil, você irá interagir com outros profissionais. Publique informações e conteúdos relevantes para sua área de atuação e que contribuam para sua imagem profissional. É essencial que suas informações - profissionais ou acadêmicas - estejam sempre atualizadas. Informações e publicações pessoais como piadas e fotos familiares devem ser guardadas para redes sociais pessoais, como o Facebook, por exemplo. Ainda assim, cuidado. O que se publica na internet deve poder ser lido por qualquer pessoa e principalmente estar a altura da sua imagem pessoal e profissional.

Pronto! Agora você já sabe como preparar um currículo ideal!

Lembre-se de que ele não vai fazer com que sua formação acadêmica melhore ou seu histórico profissional fique mais lustroso. O CV é apenas uma apresentação curta, objetiva e pragmática mostrando quem é você e qual é seu perfil em termos profissionais. Ele não faz mágicas!

Isso significa, em outras palavras, que, além de acertar na forma, você precisa caprichar no conteúdo! Quanto mais robusta for sua formação acadêmica, mais completos os cursos que já frequentou, mais variada a vivência internacional, mais interessante o histórico de trabalho... Maiores suas chances de se destacar na pilha de CVs que se acumulam na mesa dos recrutadores, e conseguir a vaga!

CHECKLIST

LEMBRE-SE DOS PONTOS CRUCIAIS DESTE CAPÍTULO!

O CV deve refletir a realidade da sua experiência profissional e formação acadêmica. Não invente e nem exagere.

Seja breve, específico e evite o excesso de detalhes.

Competências comportamentais e características pessoais devem ser avaliadas pelo entrevistador. Nunca se "autoelogie" no CV.

O CV deve provocar no recrutador a vontade de marcar uma entrevista com você. Ele deve ser atrativo como uma manchete de jornal. Na entrevista é que deve ser abordado o conteúdo mais detalhado da sua experiência e formação.

2

DE **CARA** COM A **FERA:**

a entrevista de emprego

Sorte é quando a PREPARAÇÃO encontra a OPORTUNIDADE. – Elmer G. Letterman

Não importa qual é seu atual momento profissional. Você pode estar em uma situação de sólido crescimento ou avançando lentamente. Ter muitos anos de empresa ou estar nos primeiros meses do novo emprego; pode ter um currículo robusto ou recém-iniciado. Mas, esteja você à caça de um novo trabalho ou não, sempre deve se preparar para as oportunidades que podem aparecer. E sempre que elas aparecerem envolverão, necessariamente, o crivo da tão temida *entrevista de emprego.*

A entrevista é o momento mais pessoal e individual entre o candidato e o possível contratante. É nesta hora que seu talento, seu carisma, seu potencial e todo o impacto positivo que você pode causar para ser contratado devem emergir. É a hora da sua apresentação. E a forma como faz isso pode representar o fim da linha ou o carimbo no passaporte para a vaga dos seus sonhos.

Em primeiro lugar é importante saber o que um entrevistador pensa ao ter à sua frente um candidato para uma futura vaga. Em outras palavras, o que ele analisa?

#FICAADICA!

Todo entrevistador sempre avalia o quão alinhado com a vaga e com a companhia o candidato está. Uma entrevista não busca encontrar somente o melhor candidato, mas o mais adequado para a função, a área e a empresa.

O objetivo de uma entrevista é verificar e aprofundar o que o entrevistador sabe daquele candidato através do currículo e comparar tudo isso ao perfil da vaga que ele tem em aberto. Esta vaga pode ser uma expansão do quadro de funcionários ou uma substituição de alguém que já saiu ou sairá daquela posição; seja porque foi promovido, demitido ou porque mudou de área na empresa. Normalmente uma entrevista de emprego tem a seguinte estrutura:

Rapport: conversa inicial de aquecimento. Neste momento o importante é participar amigavelmente da conversa e tentar relaxar para começar a entrevista.

Trajetória profissional: uma rápida viagem pelas empresas e pelos cargos pelos quais você passou, na ordem cronológica, sempre investindo mais tempo nas experiências mais relevantes para a vaga em questão. Cabe ao avaliador aprofundar as situações que lhe parecerem especialmente interessantes.

Principais realizações: aqui é o momento de contar exemplos concretos de sua experiência, projetos nos quais participou, atividades que realizou e resultados que estes trouxeram, sempre deixando clara a sua atuação, mesmo quando o trabalho foi realizado em grupo.

Características comportamentais e de personalidade: espere o entrevistador te fazer perguntas específicas sobre como você é e suas características. Não há nada pior do que um candidato que usa jargões o tempo inteiro, como: "Sou muito organizado", "orientado para resultados", "meu defeito é ser muito perfeccionista"...

Formação Acadêmica: concentre-se nos cursos mais relevantes, o que aprendeu e como aplicou isso no seu trabalho.

Objetivos profissionais: seja claro em relação ao que espera da vaga e da sua carreira no médio (próximos 3 a 5 anos) e longo prazos (10 anos).

Interesse na vaga/empresa: demonstre sua vontade e seu empenho, investigando e fazendo perguntas sobre a vaga, a cultura da empresa, a equipe da qual fará parte.

Pacote de Remuneração e Benefícios: seja claro e específico em relação ao pacote composto pelo salário, bônus, remuneração variável e benefícios que você já tem hoje. Na hora de falar sobre o que espera para fazer a mudança de emprego, é sempre mais interessante apresentar a pretensão salarial em uma faixa (por exemplo, "entre R$ 6.000,00 e R$ 7.000,00") em vez de um valor exato. Quanto aos benefícios e remuneração variável, as empresas têm práticas diferentes, então basta dizer que espera algo compatível com seu atual pacote. Caso tenha flexibilidade para negociar, não deixe de dizer que está aberto a ouvir propostas diferentes da sua pretensão salarial e de seupacote de benefícios, lembrando que, via de regra, o razoável é um aumento salarial entre 20% e 30% em relação à sua condição atual. Uma negociação salarial que extrapola esta média se aplica a casos muito específicos ou em posições de alta hierarquia.

A gente sabe. Você também. O momento da entrevista não é moleza. Ficar frente a frente com a fera – seu possível futuro chefe – sem saber quais perguntas ou pegadinhas ele pode atirar na sua direção gera ansiedade, receio, faz a mão transpirar. É compreensível. Mas, se existe uma hora em que você precisa brilhar, essa hora é a da entrevista. O nervosismo não pode colocar sua imagem, suas habilidades, sua competência ou seu futuro profissional em risco.

Para ajudar a pavimentar esta estrada rumo ao novo trabalho (agora, ou quando quer que ele apareça), vamos entender os fatores que contribuem para que você tenha um bom desempenho na entrevista de emprego.

NO ALVO!

7 DICAS CRUCIAIS PARA MANDAR BEM NA HORA DA ENTREVISTA

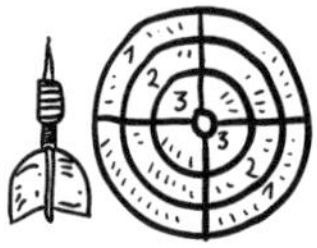

1) Informe-se sobre a empresa e o mercado onde ela está inserida, assim como a área para a qual você quer ser contratado;

2) Tenha clareza de suas prioridades e objetivos profissionais e verifique se eles estão em linha com o que a empresa e a vaga podem lhe proporcionar;

3) Teste seu domínio de idiomas e outros conhecimentos relevantes para a vaga;

4) Faça um retrospecto e tenha frescos na memória suas principais realizações, resultados e projetos;

5) Seja pontual e procure se informar sobre o traje adequado para a cultura da empresa;

6) Pense sobre seus pontos fortes e aspectos que pode ainda desenvolver ou melhorar;

7) Valide sua pretensão salarial. Ela deve estar adequada ao mercado.

O primeiro passo é estar bem informado a respeito da empresa. Saiba como ela funciona, qual é a cultura e que tipo de perfil profissional costuma ter como funcionário. Também é importante conhecer os movimentos mais recentes da companhia: expansão, entrada em novos mercados, sua reputação, principais produtos e serviços, seu modelo de negócio, onde está localizada, e assim por diante.

Outro ponto fundamental é entender sobre a área da empresa para qual você está sendo avaliado. Como ela opera e qual sua estrutura? Para descobrir, abuse da internet: website da companhia, redes sociais e notícias recentes. Se possível tente conversar com alguém que trabalha ou trabalhou nessa empresa.

Mas não adianta você ser um craque a respeito da companhia... e não ter o mesmo diagnóstico sobre si mesmo! Tenha clareza de suas prioridades e objetivos profissionais. O que você deseja? Por que deve ser contratado? Quais funções está disposto a desempenhar? O que espera para a sua carreira a curto, médio e longo prazos? O que acha que pode aprender e como vai contribuir?

Assim como tem muitos candidatos qualificados no mercado, existem muitas oportunidades em empresas e áreas diferentes. Ter clareza do porquê quer esta empresa e a vaga pode fazer toda a diferença entre você e outro candidato tão qualificado. Mostrar não só as razões para este desejo, mas paixão e entusiasmo em relação à companhia e ao cargo oferecido é fundamental para que o entrevistador tenha certeza de que não está somente contratando um candidato adequado, mas alguém que quer muito aquela oportunidade e sabe o porquê disso.

Lembre-se: contratar alguém custa caro. Demitir, mais caro ainda! O entrevistador, com razão, fará tudo o que pode para arrancar as informações mais precisas a seu respeito e evitar ser o responsável por botar um péssimo profissional dentro da empresa. Você não faria o mesmo?

Esteja preparado para ser abordado sobre suas habilidades. Antes da entrevista, saiba efetivamente qual é a sua fluência em outras línguas (e nada de "jogar verde" fingindo que sabe tudo de inglês ou espanhol, a menos que saiba de fato!). Teste seu domínio de idiomas e outros conhecimentos e habilidades relevantes para a área. Isso vale também para conhecimentos técnicos (ex.: Gestão de Projetos) e habilidades comportamentais (ex.: Liderança de Equipes).

Faça um retrospecto de sua carreira. Isso pode ajudar muito no momento em que o entrevistador pedir exemplos de situações e projetos relevantes dos quais participou. A ideia é entender como você agiu e se comportou no passado para tentar prever como vai reagir em situações semelhantes no futuro. Quanto mais detalhes e informações tiver sobre estas experiências, melhor. Estas questões, chamadas de perguntas por competência, são cada vez mais comuns em entrevistas – e é fundamental que você tenha os exemplos na ponta da língua: projetos complexos, chefes e/ou clientes difíceis e decisões importantes são situações normalmente exploradas pelo entrevistador.

A entrevista funciona como o primeiro encontro de um potencial casal. Deixar uma boa impressão neste momento é fundamental. Conhecer um pouco sobre a cultura da empresa e vestir-se adequadamente vai ajudar o entrevistador a te visualizar fazendo parte da equipe e da companhia.

#FICAADICA!

Como regra de bolso, para os homens, se a empresa tiver um padrão mais formal, não arrisque: vá de terno e gravata. Prefira cores sóbrias como marinho e grafite, e evite bege. Para a camisa, branco ou azul é o ideal. Se a formalidade for menor, cabe calça social e camisa, de preferência de cores clássicas: azul clara ou branca. Se for uma empresa completamente descolada (como as de tecnologia que a gente vê nas reportagens sobre o Vale do Silício,), pode apostar na calça jeans com camisa ou camiseta.

Para as mulheres, a dica é discrição. Evite excesso de acessórios coloridos e exagerados. Use saia ou calça com uma blusa ou camisa. Nunca, nunca mesmo, decotes profundos, roupas justas ou curtas. Maquiagem, a mais discreta e sóbria possível.

Quanto à pontualidade, mesmo que a empresa seja informal, o seu papel como entrevistado é chegar no horário marcado! Claro, não estamos na Inglaterra, terra conhecida pela pontualidade britânica. Mas o candidato que aparece atrasado e esbaforido passa logo de cara a impressão de desleixo, despreparo, desorganização. E seu trabalho será dobrado: não apenas terá que causar uma boa impressão, mas também se esforçar para apagar a primeira que deixou!

Procure se planejar: se a entrevista for acontecer pessoalmente, saia com antecedência, mesmo que tenha que esperar um pouco no local da entrevista ou tomar um café ali por perto. Se for uma entrevista virtual, teste sua conexão com a internet, áudio e vídeo do computador, assim como o local que a câmera vai visualizar. Verificar previamente a conexão com um amigo é uma ótima ideia; ele pode dizer como está a qualidade da chamada. Se estiver em casa, procure um lugar com fundo neutro (imagine que mico fazer entrevista com um quarto bagunçado ou roupas íntimas penduradas atrás!). Se tiver algum imprevisto, avise o entrevistador o mais rápido possível e peça desculpas. Isso vai mostrar consideração e respeito.

Autoconhecimento é um atributo muito importante para qualquer profissional. Pode parecer só "papo de psicólogo", mas não é. Isso indica que você se conhece como pessoa e profissional, tem clareza dos seus pontos fortes, suas habilidades mais desenvolvidas e como pode colocar elas em prática para obter bons resultados. Como seus talentos vão ajudar a empresa? Por outro lado, ter autoconhecimento também quer dizer que você identifica seus pontos fracos, aquilo que não faz bem e que ainda pode desenvolver e melhorar. Todo mundo tem os dois. Saber no que você é um craque e no que é um "perna-de-pau" pode te ajudar a lidar com as fraquezas, saber falar sobre elas, e mostrar não só que se conhece, mas que é humilde para se empenhar e fazer os ajustes necessários.

Valide suas expectativas sobre o pacote de remuneração e benefícios. Claro que todos desejamos progredir financeiramente! Quem não quer entrar na conta do banco e ver pingar aquela bolada cheia de zeros no final do mês? E não tem nada de errado em querer um aumento de salário para mudar de emprego. Este salto na remuneração varia muito de caso a caso (dependendo do nível da vaga, do porte da empresa e outros fatores). Mas, como uma referência média, tenha em mente que um profissional que muda de companhia geralmente consegue aumento ao redor de 30%. Outro ponto importante é checar se sua pretensão financeira (salário, remuneração variável e benefícios) está adequada ao cargo e porte da empresa que está buscando. Esta informação está nos cadernos de emprego dos jornais ou em pesquisas salariais facilmente encontradas na internet.

No caso de uma guinada de carreira (temos um capítulo sobre este tema mais à frente), a mudança pode significar inclusive uma redução de salário, pois, ao fazer esse giro de 180 graus, o profissional reinicia uma curva de aprendizado, e consequentemente trará menos resultados no curto prazo. Sabendo disso, as empresas podem oferecer uma remuneração igual ou menor no momento de transição.

Se todas essas dicas que falamos são valiosas para que você conheça o terreno onde está pisando e evite sustos na hora da entrevista, também é importante saber os erros mais comuns dos candidatos nessa hora – e correr deles!

FUJA DO MICO!

OS 6 ERROS MAIS COMUNS NA HORA DA ENTREVISTA DE EMPREGO

1) Criar um "personagem", supervalorizar ou inventar experiências e conhecimentos que você não tem

2) Ter respostas prontas e ensaiadas

3) Não ouvir as perguntas do entrevistador ou deixar de respondê-las

4) Usar tratamento exageradamente informal

5) Contar muitos detalhes íntimos e pessoais

6) Não fazer nenhuma pergunta sobre a vaga, a área ou a empresa

Você possivelmente não é um ator premiado no Oscar e nem um protagonista da novela das nove. Portanto, na hora da entrevista, não tente se passar por alguém que não é. **Nada de criar um personagem!** Logicamente não precisa sair destacando todos os seus defeitos logo no primeiro momento. Mas se transformar em um entrevistado que acha ser o ideal fica nitidamente artificial, e, em vez de ajudar, vai te afastar da rota de contratação.

Consequentemente, é um erro **ter respostas prontas e ensaiadas.** A naturalidade é algo importante na entrevista. Simplesmente apertar o "play" quando o entrevistador fizer as perguntas vai mais uma vez soar falso e fazer com que você caia no erro anterior.

Não ouvir as perguntas do entrevistador ou deixar de responder seus questionamentos é outro mico. O entrevistador sabe o que ele quer descobrir, ele é o líder da entrevista. Deixe-o fazer as perguntas e responda o que foi perguntado. Tente ser objetivo, mas sem pular detalhes importantes. Uma entrevista deve durar entre 40 e 60 minutos, podendo variar para um pouco menos ou bem mais. Use bem o seu tempo para "encantar" o entrevistador.

O processo de entrevista não é um encontro de diplomatas, mas também não é uma conversa de bar. Por isso, **cuidado com o uso de tratamento exageradamente informal**. No mundo profissional, e particularmente nessa hora, não pega nada bem falar que a resposta da entrevista pode ser enviada para "boladão27@hotmail.com", "gatinhaselvagem@gmail.com", ou qualquer endereço do tipo. Você entendeu a ideia! Se necessário, crie um novo e-mail, mais profissional, e use-o para as tratativas de trabalho.

Além disso, siga a formalidade estabelecida pela empresa ou pelo entrevistador, pessoalmente e no e-mail. Se a mensagem que chega até você termina com "Atenciosamente", não é conveniente responder com "Beijossss". Esta regra vale também para o momento da entrevista. Espere o entrevistador iniciar o cumprimento (aperto de mão, beijo, abraço) e siga na mesma linha. Evite ser "amigão" demais e usar termos muito íntimos ou informais como: "Querida", "Amor" etc.

Este é um momento profissional e, por mais simpático e acolhedor que o entrevistador seja, **contar muitos detalhes da sua vida pessoal e íntima dificilmente dá certo**. Quando o assunto for sua vida pessoal, algumas informações básicas bastam: onde nasceu e cresceu, familiares e sua atividades, com quem mora e onde, se é casado, se tem filhos, hobbies e lazer. Tudo bem ser breve e pontual. Nada de contar histórias de infância ou a briga que teve com o marido ou com a mulher na semana passada.

Se para você, candidato, a entrevista pode ser um momento de tensão (e definição da sua perspectiva profissional), o mesmo sentimento também aparece do outro lado da mesa. Para o entrevistador esta etapa é crucial. Muitas vezes é a última peneira que ele tem para tentar identificar os talentos e evitar os funcionários que darão dor de cabeça ou baixa produtividade no futuro. E essa não é uma tarefa fácil.

Por isso, ele precisa perguntar. E muito. Mas várias das questões são comuns a qualquer entrevista. E você, embora não deva ir com respostas decoradas ou ensaiadas de casa, precisa ter os possíveis tópicos da conversa em mente.

FOCO NISSO!

QUESTÕES QUE TODO ENTREVISTADOR TENDE A PERGUNTAR

- *Quais são suas principais realizações e projetos já realizados?*
- *Por que você tem interesse nessa empresa e vaga?*
- *Qual é a sua atual ou a última remuneração e pretensão salarial?*
- *Quais são seus objetivos profissionais de curto, médio e longo prazos?*

Porém, nesse processo de análise e "investigação", para aumentar a chance de fazer a escolha certa, não é incomum que empresas e recrutadores incluam no leque de perguntas assuntos completamente diferentes daqueles que você espera. O que responderia ao se deparar com questões completamente inusitadas? As famosas "pegadinhas"?

Esses são alguns exemplos que já deixaram candidatos gaguejando:

CONTRA A PAREDE

PERGUNTAS REAIS E INESPERADAS JÁ FEITAS NA HORA DA ENTREVISTA

1) Se você convidasse seu chefe pra jantar na sua casa, qual prato iria servir?

2) Qual a música que melhor define seu comportamento no ambiente de trabalho?

3) Quantas vacas existem ao todo no Canadá?

4) Quantos postos de gasolina existem em SP?

5) Quantas bolinhas de pingue-pongue cabem nesta sala?

Você estuda, se prepara, treina... mas possivelmente nada do que fez até hoje terá sido suficiente para saber de bate-pronto o número de cabeças de gado em um país ou postos de gasolina em uma cidade!

Calma. Vamos entender como isso funciona. Quando o recrutador faz perguntas assim, ele não espera como resposta um número preciso. O objetivo dele também não é desvendar seu gosto musical ou seu paladar para um jantar no futuro. O objetivo é entender como você organiza e formula um raciocínio e se consegue se sair bem em uma situação inesperada. Esta abordagem também pode ser feita para que o entrevistador tente entender quais são seus valores através de perguntas hipotéticas e inesperadas.

#FICAADICA!

O objetivo das perguntas-pegadinhas é entender o raciocínio do candidato e como ele se sai em situações inusitadas. Para mandar bem, lembre-se de que não há resposta certeira. Tente entender o que o entrevistador está querendo investigar com a pergunta: raciocínio lógico, aderência à cultura, jogo de cintura... Se for uma pergunta de lógica, tente ficar calmo, raciocinar, dar uma resposta e explicar o que passou pela sua cabeça para chegar a ela. Se for uma pergunta de aderência à cultura (para avaliar se você combina com os valores e o jeito de atuar da empresa), pense sobre o que conhece da companhia. E, se for um teste de jogo de cintura, tente responder de forma assertiva e bem-humorada.

Não existe uma resposta certa para cada uma destas perguntas. Isso é o mais importante. Não vale a pena fazer um gabarito tentando se preparar para todo petardo que pode ser disparado na sua direção. Essas questões têm centenas de variações possíveis. Elas mudam de tempos em tempos e de empresa para empresa. E, se o entrevistador quiser te pegar desprevenido, ele vai conseguir! Por não haver a resposta exata ou correta, a solução é respirar, pensar e retrucar com o que fizer mais sentido para você, sempre explicando o porquê, a razão e o raciocínio por trás da sua resposta.

Tendo isso em vista, vamos voltar às perguntas do nosso exemplo. Quais seriam algumas possíveis respostas interessantes ou raciocínios compatíveis com um bom candidato?

1) Qual prato serviria ao chefe?

Se for uma empresa que valoriza relações menos hierárquicas (ou, em outras palavras, uma companhia mais informal), vale uma resposta de um prato feito em casa, no capricho, saboroso, porém simples. Se for uma empresa hierárquica e tradicional, é interessante pensar num prato mais sofisticado, possivelmente feito por um cozinheiro contratado.

2) Qual música define seu comportamento no ambiente de trabalho?

Novamente uma pergunta que tenta investigar aderência à cultura e aos valores ou conhecer características mais pessoais. Se for um ambiente mais informal cabem músicas mais modernas e agitadas – pode tirar da cartola aquele cantor ou cantora da sua preferência. Se for um ambiente que demanda mais concentração, músicas mais calmas e que proporcionem reflexão encaixam melhor. Outra possibilidade é simplesmente responder qual tipo de música você gosta de ouvir quando trabalha.

3) Quantas vacas existem no Canadá?

4) Quantos postos de gasolina existem em São Paulo?

5) Quantas bolinhas de pingue-pongue cabem nesta sala?

As três perguntas acima querem investigar capacidade de raciocínio lógico e espacial dos candidatos. Muitas abordagens são possíveis, mas o importante é mostrar o raciocínio que você usou para chegar à resposta mais próxima possível, levando em conta premissas válidas e um encadeamento lógico que faça sentido para atingir o resultado. A carne, por exemplo, é importante para a economia do Canadá, que está entre os dez maiores exportadores do mundo. São Paulo tem uma frota de aproximadamente cinco milhões de carros e dez mil ônibus. Uma bola de pingue-pongue mede uns 5cm de diâmetro e a sala pode ter aproximadamente 15 metros quadrados, e por aí vai.

Seu papel na entrevista também não deve ser passivo, como o de um tímido ouvinte. E nem de um narrador de corridas de cavalo. Tenha bom senso. Mas saiba que você também pode – e deve – fazer algumas perguntas – até para demonstrar seu interesse na empresa e no posto que planeja ocupar.

O que o candidato PODE perguntar:

- Como funciona a área e a equipe da qual posso vir a fazer parte?
- Quais os principais desafios e responsabilidades da posição?
- Quais os planos estratégicos da empresa a longo prazo?
- Como funciona o pacote de remuneração e benefícios da empresa para esta função?
- Existe investimento no desenvolvimento dos funcionários? Como é este plano de carreira?
- Quais os principais valores da empresa? O que faz as pessoas fica-rem e crescerem na organização?

O que o candidato NÃO DEVE perguntar:

- Onde eu vou sentar?
- Posso marcar minhas férias?
- Vocês emendam todos os feriados?
- Mesmo que de vez em quando... terei que trabalhar até mais tarde?
- Se eu não gostar do meu chefe, posso mudar de área?
- Exatamente quanto tempo levará até minha próxima promoção?

O outro lado

a visão do empregador

Encontrar um candidato qualificado e que tenha aderência à vaga, equipe e empresa não é fácil em nenhum país do mundo. Se para o candidato não é moleza, ser o recrutador também exige um nível alto e complexo de estratégia, poder analítico, cautela e capacidade para lidar com riscos. Até agora, olhamos o prisma do postulante à nova vaga. Nada mais justo que falar também de quem tem o papel de definir quem será contratado – até porque, um dia, essa função pode ser sua!

NO ALVO!

TIROS CERTEIROS DO RECRUTADOR PARA ACERTAR NA HORA DA ENTREVISTA E DA CONTRATAÇÃO

- Conheça em profundidade a vaga, a equipe, a área, a cultura e o gestor responsável pela posição. São os detalhes que fazem a diferença na hora de encontrar o candidato perfeito.
- Prepare uma descrição de cargo bem específica, incluindo as principais atividades e responsabilidades da vaga, conhecimentos e habilidades necessários e características comportamentais importantes.
- Pense em uma entrevista com perguntas que consigam validar cada ponto-chave desta descrição de cargo.
- Tente prever possíveis questões que os candidatos farão e prepare uma lista de perguntas e respostas mais importantes
- Pense no porquê de esta oportunidade valer a pena. Prepare-se para "vendê-la" aos candidatos, usando seu entusiasmo aliado a fatos e dados reais sobre a vaga.

A área de recrutamento e seleção das empresas tem conquistado muito destaque nos últimos anos. Encontrar a pessoa certa para cada posição tem se mostrado um grande desafio. Os custos financeiros, de oportunidade e emocionais de trazer pessoas erradas para as empresas estão cada vez mais altos. Por tudo isso, entrevistadores têm uma grande responsabilidade!

A regra de ouro para a boa entrevista é seguir o seguinte ciclo:

CONHECER: a área, a empresa, a equipe, o requisitante/gestor da vaga.

PLANEJAR: desenhar uma descrição de cargo, um guia de perguntas para a entrevista e respostas às possíveis perguntas que os candidatos farão.

CONHECER e SER CONHECIDO: entender de fato o candidato e fazer de tudo para que ele conheça a fundo a vaga e a empresa.

PONDERAR e DECIDIR: em cima de fatos e dados apresentados na entrevista, fazer uma comparação com a vaga e necessidades da empresa, e decidir se o candidato tem o perfil para ser contratado.

Cuidado para não julgar a pessoa pela aparência, pelo modo que fala ou por qualquer outro aspecto que não seja o que realmente o entrevistado respondeu e como se comportou durante o encontro. Muitas vezes fazemos julgamentos precipitados em relação a uma pessoa, seja porque ela se parece com alguém que não gostamos, ou porque se veste com gosto meio duvidoso. Se fizer isso, você corre o risco de descartar um excelente candidato por um pré-julgamento.

As empresas mudam, o perfil e as estratégias dos entrevistadores também. Mas, no fundo, a hora da entrevista é a mais crucial para que recrutador e candidato possam se conhecer, identificar sinergias, oportunidades, potencialidades e avaliar assim a conveniência de estabelecer – ou não – uma relação de trabalho.

Portanto, a entrevista é o momento mais importante do processo seletivo. Seja você o entrevistado ou o entrevistador, a tarefa não é trivial. Para os candidatos, é a hora de mostrar o seu melhor. Vale querer mostrar seus sucessos e conquistas e encantar o entrevistador, contanto que seja a verdade e que esta verdade reflita a sua história e quem você é no trabalho.

Por que é tão importante ser verdadeiro? Porque a empresa irá te contratar baseada no que conheceu sobre você durante o processo seletivo. Se você apresentar um personagem muito diferente do que é de fato, a empresa vai esperar este personagem no dia a dia. Parece bastante fácil criar e "ser" uma pessoa que você não é durante uma hora de entrevista... mas pense como seria viver este personagem diariamente, no mínimo oito horas por dia. Não rola!

O processo seletivo é uma via de mão dupla. Este também é o momento de conhecer e ter certeza de que a vaga e a empresa são bacanas para você, vão de encontro ao que deseja para sua carreira. Quanto mais você investigar, mais certeza terá da sua escolha e maior a chance de esse "casamento" dar certo.

Se você for o entrevistador, preparar-se é fundamental. Conheça a vaga, o gestor da área e a empresa com profundidade. Não vale pegar o currículo cinco minutos antes da entrevista e aparecer sem uma lista de perguntas-chave e uma descrição da vaga. Quanto mais preparado você estiver, maiores as chances de sair com uma decisão bem tomada sobre o candidato. Incentive o candidato a fazer perguntas e prepare-se para respondê-las. Caso surja uma questão para a qual você não sabe a resposta, seja verdadeiro. Diga que não sabe, mas que irá pesquisar e dar um retorno depois. Quanto mais as partes conhecerem uma à outra, melhor. Não contrate a pessoa errada ou deixe passar a certa porque não soube conduzir uma boa entrevista. Lembre-se de que encontrar e atrair candidatos qualificados é sempre um desafio. Prepare-se para "vender" a empresa e a vaga. Claro que os atributos devem ser verdadeiros, mas falar sobre eles com propriedade e entusiasmo faz toda a diferença.

CHECKLIST

LEMBRE-SE DOS PONTOS CRUCIAIS DESTE CAPÍTULO!

A Entrevista começa bem antes da primeira pergunta. Prepare-se.

Seja sincero. Nenhuma relação de trabalho dura muito se não for entre pessoas e empresas de verdade.

Entrevista é uma via de mão dupla. Entrevistador e entrevistado devem perguntar e responder durante a entrevista.

3

O PROCESSO SELETIVO

de cabo a rabo

O presente não é um passado potencial, é o momento de escolha e de ação. – Simone de Beauvoir

Antes de tratar sobre as especificidades dos programas de estágio, trainee, ou qualquer outro nível gerencial/hierárquico em uma companhia, vamos falar um pouco sobre o processo seletivo. Conhecendo as etapas e os objetivos de cada uma delas, você pode ir mais preparado para o "campo de batalha" e melhorar seu desempenho frente aos concorrentes.

O seu histórico profissional, realizações e formação acadêmica podem ser espetaculares, mas saber demonstrá-los em um processo seletivo é essencial para o progresso de carreira.

Cada companhia tem aspectos peculiares na seleção, preferência por determinados perfis profissionais, perguntas específicas, "armadilhas" ou dinâmicas para ver como o candidato se sai em situações similares às que ele vai encontrar no dia a dia de trabalho. O grande objetivo de um processo seletivo é tentar prever se o candidato terá sucesso na nova posição. Como ninguém tem bola de cristal, existem técnicas e metodologias que ajudam nesta difícil tarefa.

Apesar de o processo seletivo ser normalmente proposto pela empresa que define o passo a passo desta jornada, é importante lembrar que este processo é uma escolha de mão dupla. Assim como em um casamento, as duas partes – candidato e empresa – devem se conhecer e se escolher, pois só assim esta será uma relação frutífera para ambos.

Apesar de cada empresa desenhar e propor seu próprio processo seletivo, todos são compostos de etapas claras com metas específicas. Vamos explorar as etapas mais utilizadas para avaliação de candidatos. Desenhamos um passo a passo padrão, considerando o processo mais frequentemente usado no mercado.

O passo a passo do processo seletivo:

para não ter dúvida do que acontece em cada etapa e o que é esperado dos candidatos, vamos fazer uma espécie de raio-x em cada parte desse processo.

Raio-x dos processos seletivos

Captação de candidatos: Este é o momento inicial do processo seletivo. De posse de uma descrição do cargo a ser preenchido, o recrutador começa a usar de ferramentas para captar e identificar candidatos dentro do perfil desejado. É neste momento que ele vai divulgar a vaga, pedir indicações na sua rede de contatos e profissionais da empresa, buscar no banco de dados da companhia, redes sociais profissionais ou bancos de currículos. É para esta etapa que seu CV e/ou perfil nas redes sociais profissionais devem estar atualizados e bem construídos (como falamos no capítulo anterior).

Triagem e Ranqueamento de currículos: De posse dos CVs, o objetivo agora passa a ser filtrar candidatos que não se enquadrem nos pré-requisitos desejados: formação, conhecimentos, idiomas e experiência profissional, ou seja, tudo que é considerado condição mínima para ocupar a vaga. Depois dessa triagem inicial, normalmente se constrói um ranking , dando prioridade aos profissionais que têm as melhores e mais aderentes qualificações para determinada vaga, seja a qualidade das instituições acadêmicas, algum conhecimento específico ou fluência em idiomas. Na prática, as empresas priorizam os elementos mais importantes para cada vaga. O sonho de qualquer recrutador é fazer o processo seletivo mais assertivo e ágil possível, garantindo os melhores candidatos finalistas. Para isto, a elaboração de um ranking é essencial, pois o recrutador vai começar por aqueles profissionais que estão mais próximos do perfil ideal e têm mais chances de preencher rapidamente e com qualidade a posição em aberto.

A duração desta etapa varia muito, dependendo do nível do cargo, quantidade de profissionais disponíveis no mercado, especificidade dos conhecimentos.

Para se dar bem neste momento, um CV bem construído é fundamental, mas não basta. Envie o seu currículo ou só se candidate a posições em que você realmente tem interesse e aderência ao perfil. Se a vaga pede experiência em vendas ou conhecimentos de contabilidade, nem adianta enviar o CV se você não tem esses atributos. Poupe o recrutador desse trabalho, evite a frustração de não evoluir no processo e principalmente não se exponha negativamente, enviando seus dados para vagas paras as quais não tem a mínima qualificação, pois o recrutador pode deixar de considerá-lo para posições em que de fato você tem chance!

Testes Online ou Presenciais: Esta etapa é muito comum em processos para jovens profissionais ou quando a vaga tem como pré-requisito conhecimentos específicos ou técnicos (por exemplo: programação em Java, domínio de Excel, inglês avançado). Outra aplicação de testes bastante usados busca avaliar habilidades cognitivas (lógica numérica ou espacial) e até mesmo conhecimentos gerais e domínio da língua portuguesa. E existe ainda uma última categoria de testes que avaliam o perfil psicológico, de personalidade (FACET5, MBTI, DISC) ou comportamental (VECA) que usa modelos psicológicos ou psicométricos.

No CV declaramos um nível de conhecimento técnico ou de idiomas. O teste comprova o nível do conhecimento declarado. Mesmo que seja aplicado online, é obrigatório que o candidato siga as instruções e responda sozinho aos testes. Pedir ajuda para um amigo ou procurar as respostas corretas na internet pode até garantir uma boa nota, mas lembre-se de que estas habilidades, conhecimentos ou comportamentos serão esperados ou cobrados depois da contratação, então seja ético, honesto e verdadeiro!

Contato telefônico: lembra que o objetivo do recrutador é ser o mais assertivo e ágil possível? Então. Para atingir este objetivo, muitos recrutadores usam o contato telefônico como uma das etapas da seleção. Antes de investir mais de 40 minutos numa entrevista individual, eles podem fazer uma minientrevista por telefone. Esta parte serve para checar alguns pontos do CV, interesse do candidato na vaga e também antecipar algumas perguntas que seriam feitas na entrevista, com o intuito de ter certeza de que vale a pena chamar o candidato para a próxima etapa.

Esta conversa pelo telefone pode durar de 5 a 20 minutos e a variação de tempo ocorre de acordo com senioridade do profissional e a quantidade de informações que o recrutador precisa validar para comparar o candidato ao perfil. Para se dar bem nesta etapa, é importante estar em um lugar reservado quando atender a ligação. Se estiver ocupado ou num ambiente em que não possa falar com tranquilidade, não tem problema. Atenda, marque um horário e retorne a ligação.

Quando questionado se tem interesse em um processo, faça as perguntas importantes para tirar a dúvida e só responda “sim”, se realmente quiser participar! Caso a resposta seja “não”, diga que apesar de não ter interesse nesta vaga quer muito ter a chance de conhecer o recrutador e outras oportunidades que venham a surgir na empresa ou no mercado.

Além das informações do CV, o contato telefônico também permite avaliar sua comunicação verbal e a sua objetividade. Seja o mais claro possível ao responder as perguntas!

Atividade em Grupo: diferentemente do que se pensa, o objetivo das atividades em grupo não é avaliar e descartar muitos candidatos de uma só vez, mas observar e avaliar o comportamento profissional do candidato numa situação de trabalho em grupo. Isso é relevante, pois muito do nosso tempo de trabalho dentro das empresas é passado com outros profissionais: seja em reuniões, projetos ou mesmo no dia a dia. Fazemos parte de uma cadeia composta de muitos profissionais dentro (colegas, chefe, equipe) e fora da companhia (clientes, fornecedores, parceiros). Saber interagir de forma produtiva e atingir resultados trabalhando com outras pessoas é a chave de qualquer carreira de sucesso.

As competências mais avaliadas em atividades em grupo são: Capacidade de trabalho em equipe, capacidade de influência, comunicação, engajamento de equipes, liderança, habilidade para resolução de problemas e capacidade de atingir resultados. Uma atividade em grupo pode durar de duas a seis horas e normalmente envolve uma ou uma série de atividades que proponham diferentes resultados e objetivos a serem atingidos em grupo. Podem ser estudos de caso, jogos ou desafios. Estas atividades são também chamadas de Dinâmicas de Grupo.

As atividades em grupo são mais encontradas em processos seletivos para jovens profissionais, estagiários e trainees. Podem ser realizadas presencialmente ou em alguns casos até via internet.

Para se dar bem nestas atividades, o mais importante é participar. Se você entra mudo e sai calado, pode acabar sendo reprovado simplesmente porque os avaliadores não conseguiram observar nada ou só viram muito pouco sobre seu comportamento. Mas como participar? Existe uma fórmula de sucesso?

Infelizmente não. Mas há algumas dicas simples que podem te ajudar: Tente deixar o nervosismo de lado e ser o mais autêntico possível. Exercite um bom balanço entre falar e ouvir os outros participantes para alcançar o objetivo proposto da forma mais colaborativa e produtiva possível. Muitas atividades em grupo são finalizadas com uma breve apresentação do resultado atingido pelo time. Normalmente a ideia não é avaliar as habilidades de apresentação individual de cada candidato, portanto chegue a um consenso com o seu time, e decida se é mais produtivo todos ou somente um ou dois membros do grupo falarem.

Muitas vezes ao final da apresentação, os avaliadores fazem perguntas para esclarecer pontos, tirar dúvidas ou questionar a resolução e as decisões do grupo. O importante aqui é manter a consistência, argumentando a razão destas decisões e resultados. Porém, caso perceba que não chegou à melhor solução ou há erros e falhas na resolução proposta, não tenha vergonha ou medo de admitir. Aprender com os próprios erros é uma competência muito importante para o mercado de trabalho.

Apresentação individual: Esta atividade pode acontecer isoladamente, em uma etapa dedicada, em conjunto com a atividade em grupo ou ainda como parte da entrevista. Ela pode exigir um trabalho prévio de pesquisa ou ser feita a partir de um tema proposto na hora. Aqui, sim, o avaliador quer conhecer sua habilidade de apresentação, principalmente em momentos de pressão. Outro objetivo desta etapa é entender como um candidato pesquisa ou organiza as informações mais relevantes sobre um tema e consegue não só priorizá-las, mas transmiti-las de forma clara, com início, meio e fim.

A chave para se sair bem numa apresentação individual é montar uma estrutura clara de raciocínio que mantenha o espectador interessado. Como é uma apresentação empresarial, ela deve ser objetiva, conter fatos e dados, argumentos, e, ao final, transmitir a mensagem mais importante sobre o tema proposto.

Existem apresentações individuais que pedem para que o tema da apresentação seja você, baseada nos principais marcos da sua carreira ou de sua vida. Neste caso, vale a mesma regra. Escolha suas principais experiências e conte de forma clara, sempre destacando o que aprendeu e como esses eventos influenciaram sua carreira.

Diferente da atividade em grupo, a apresentação individual é usada em processos seletivos para todos os níveis hierárquicos.

Quanto maior o cargo, maior a complexidade do tema e a expectativa sobre a apresentação.

E muito cuidado com apresentações longas e confusas! Lembre-se sempre da regra do "início, meio e fim". Outra cilada comum é colocar tantos dados e informações que não sobra tempo para explorar a sua ideia ou opinião sobre o tema. Ou ainda o contrário, muitas ideias e opiniões sem fundamento. Se souber com antecedência que fará uma apresentação, prepare-se. Treine em frente ao espelho, filme e depois assista ou então peça para alguém avaliar e te dar um *feedback*.

Painel de Negócios: esta etapa é muito parecida com a atividade em grupo descrita anteriormente. Valem as mesmas regras. Qual a diferença? O painel de negócios tem uma complexidade maior do que a atividade ou dinâmica de grupo. Ele envolve um estudo de caso, ou "*case* de negócios" bastante completo, lotado de dados para serem analisados e decisões difíceis para serem tomadas. Normalmente os principais executivos da empresa, inclusive o presidente, fazem parte da banca de avaliadores. Prepare-se para ser bombardeado com perguntas duras e momentos de pressão. O foco de um painel de negócios é entender se o candidato consegue pensar de forma estratégica, processar grandes volumes de informações e chegar a uma recomendação ou solução interessante para os problemas dados.

A melhor forma de se preparar para esta etapa é estar atualizado sobre o mercado através da leitura de notícias recentes e casos reais de empresas. Esse conhecimento sobre o mercado pode ajudar na tomada de decisão, treiná-lo para digerir muitas informações e formular conclusões e saídas inteligentes para problemas complexos.

Entrevista (uma, ou mais): como já falamos no primeiro capítulo, a entrevista é a etapa mais frequentemente encontrada em processos seletivos. Dificilmente alguém será contratado sem passar por uma peneira dessas. Algumas empresas como o

Google, por exemplo, fazem com que cada candidato passe por quatro ou cinco entrevistas, pois eles entendem que a decisão de contratar alguém deve ir além do RH e do chefe – deve ser uma escolha do time todo. Outras empresas agem de forma mais tradicional, propondo duas entrevistas: uma com o RH e outra com o chefe direto.

Independentemente do número de entrevistas, o importante é lembrar que este é o seu momento. É a hora de mostrar suas principais habilidades, experiências e, através delas, se consolidar como o candidato ideal para a vaga.

Quanto mais experiências reais você tiver vivido e conseguir contar, mais vai contribuir para que o entrevistador acredite que você repetirá estes resultados e comportamentos quando preencher a vaga. Lembre-se de ouvir atentamente as perguntas e tentar respondê-las da forma mais objetiva possível, destacando como agiu, porque agiu assim e que resultados atingiu. Procure um balanço entre suas conquistas e erros, e esclareça o que aprendeu com isso.

Dinâmicas reais

Bom, agora você já sabe como funcionam os processos seletivos e o que a empresa e o recrutador esperam do candidato. Mas queremos que você mande muito, muito bem no seu processo! Por isso, vamos dar um passo além. Para que você não seja pego de surpresa, separamos alguns exemplos reais de atividades em grupo já aplicadas em grandes companhias multinacionais. Dinâmicas com as quais você pode se deparar.

FOCO NISSO!

EXEMPLOS REAIS DE DINÂMICAS DE GRUPO

EXEMPLO 1: EMPRESA DO SEGMENTO DE EDUCAÇÃO

O PROBLEMA: O nível de jovens que concluem o Ensino Superior no Brasil vem preocupando os educadores. Como principais fatores impeditivos para os jovens ingressarem ou concluírem uma graduação, estão a falta de recursos financeiros, falta de tempo e necessidade de cuidar da família. Proponha alternativas de estudo para estas pessoas.

SOLUÇÕES POSSÍVEIS: Ampliar a grade de cursos de ensino a distância; elaborar provas para aplicação de bolsa de estudo; formar parcerias com empresas ou instituições que financiem o estudo de uma determinada cota de alunos ao ano e definir critérios de elegibilidade.

DICA: Dedique um tempo, junto com seu grupo de trabalho, para que pensem nas dificuldades que vocês encontraram durante a graduação. Por vezes, histórias de vida podem dar subsídios para que se criem soluções factíveis para um estudo de caso. Após conhecer as vivências do grupo e decidirem por uma estratégia, é hora de planejar esta ação. E planejamento exige análise de cenário, possibilidades e visão holística.

CONCLUSÃO: Saia do lugar comum ou do clichê para resolver um ***case***. Quanto mais informações o grupo tiver, maiores serão as possibilidades de encontrar alternativas aplicáveis à situação-problema.

EXEMPLO 2: REDE VAREJISTA DE ALIMENTAÇÃO

O PROBLEMA: A realização da Copa do Mundo no Brasil trouxe a necessidade de a empresa rever seus processos de segurança dentro das lojas. Que soluções seriam viáveis para ampliar o esquema de segurança nas unidades, especialmente em períodos próximos aos jogos e grandes eventos como esse?

SOLUÇÕES POSSÍVEIS: Contratação de funcionários com prazo de trabalho temporário, para que atuem com foco na segurança da loja; propor, antes do período da Copa ou do evento, treinamentos de segurança em todos os departamentos da loja, desenvolvendo simulações de potenciais ocorrências que possam ameaçar equipes e consumidores.

DICA: Muitas empresas desenvolvem técnicas que reúnem não só o conhecimento do negócio, mas também informações do cenário nacional - como economia, política, infraestrutura etc. Portanto, o que está sendo avaliado aqui é, acima de tudo, sua capacidade de propor soluções de acordo com seu conhecimento de um determinado tema que, independentemente de sua área de formação ou experiência, é de conhecimento comum a todos.

CONCLUSÃO: Estar bem informado com relação aos principais acontecimentos nacionais e globais, ser antenado e consciente dos fatores que impactam na sociedade são aspectos que certamente te farão ter um maior repertório para solucionar um ***case***.

Em resumo, todas estas dicas e esclarecimentos vão te ajudar muito a se preparar para um processo seletivo, mas é lá na hora do "vamos ver" que você deve estar presente de corpo e alma para participar destas etapas. Seja no momento de construir o CV, na atividade em grupo ou na entrevista, cada chance deve ser aproveitada expondo o seu melhor (este melhor também inclui seus erros e aprendizados). Aproveite o momento também para que você conheça e escolha a empresa e a vaga. Prepare uma lista de dúvidas e perguntas para serem feitas ao longo do processo.

Acreditamos em sorte, mas cremos ainda mais no empenho e na determinação, então preferimos desejar: Bom trabalho!

O outro lado

a visão do empregador

Acabamos de descrever as etapas mais frequentes encontradas em processos seletivos para grandes empresas. Como falamos, cada etapa tem um objetivo e muitas vezes um volume grande de candidatos. Isto acontece porque estas grandes empresas atraem muitos profissionais em busca de oportunidades de carreira, programas de desenvolvimento e exposição em projetos interessantes.

Se você trabalha ou é dono de uma pequena empresa, a situação pode ser bem diferente. Sem uma grande marca ou grandes planos de desenvolvimento, atrair bons talentos pode ser um baita desafio! Este tema daria um livro inteiro, mas vamos resumir os principais pontos que podem te ajudar a planejar e executar um processo seletivo eficiente.

Construa uma descrição de cargo. Este documento vai ser o seu guia para o processo, e deve conter:

Nome da Posição
Para quem se reporta
Principais atividades e responsabilidades
Características da Equipe
Tempo de experiência necessário para exercer a função
Formação acadêmica e cursos exigidos
Conhecimentos necessários
Idioma(s)
Competências comportamentais necessárias
Remuneração e Benefícios

Se for uma substituição, quais os fatores de sucesso e insucesso do profissional que ocupou a posição anteriormente?

#FICAADICA!

Cuidado para não construir um perfil de super-herói! É comum que o recrutador queira alguém muito mais qualificado do que a posição requer e isso pode trazer impactos negativos para o processo, como encontrar a pessoa, mas ter que pagar um salário maior do que o orçado, ou ainda contratar e depois ter um profissional desmotivado porque o cargo não requer todo o seu potencial, conhecimentos ou experiências.

Divulgue a oportunidade:

- Indique claramente para onde e como os interessados devem enviar seus CVs.

- Use sua rede de contatos (amigos, família, profissionais, funcionários atuais). Indicações são muito poderosas, principalmente para pequenas e médias empresas.

- Se possível, mantenha uma assinatura de pelo menos um banco de currículos ou rede social profissional (Catho, Linkedin, EmpregoCerto, Vagas.com). Estes diferentes bancos têm CVs de diversos níveis. Encontre aquele que tem mais a ver com as vagas com que normalmente trabalha e cabem no seu bolso.

Triagem e Planejamento: em posse dos CVs (esperamos que tenha mais do que um!), eleja aqueles que estão mais perto da descrição de cargo que elaborou e comece com estes. Planeje o processo. Como regra de ouro recomendamos pelo menos uma etapa de contato telefônico e entrevista. Para cada etapa, monte um documento simples do que vai perguntar em cada momento do processo para te ajudar na hora da execução.

Execução: separe um tempo para se dedicar ao processo. No contato telefônico (que deve durar de 5 a 20 minutos) encontre um lugar silencioso e privado para falar tranquilamente sobre a vaga. No momento da entrevista (geralmente de 40 a 60 minutos), vale a mesma regra: use um lugar silencioso e com o máximo de privacidade possível. Segue abaixo uma sugestão de roteiro para o contato telefônico e a entrevista.

Roteiro para contato telefônico:

Analise o CV e liste um ou dois pontos que gostaria de explorar mais na conversa. Escolha a experiência ou formação que é mais relevante para a vaga.

Apresente-se e explique o motivo pelo qual está ligando. Pergunte se a pessoa pode falar naquele momento.

Conte rapidamente sobre a empresa e a vaga (nome do cargo, principais atividades) e pergunte se ela tem interesse em conhecer mais sobre o processo.

Peça para o candidato descrever brevemente o ponto (formação ou experiência) que elencou como mais relevante. A ideia aqui é entender como o candidato se comunica e conhecer mais detalhes sobre o que está no CV.

Pergunte sobre o trabalho atual e por que estaria interessada em outra oportunidade.

Questione sobre o pacote atual de remuneração e benefícios. Algumas pessoas sentem-se desconfortáveis em dar um número exato. Neste caso, peça uma faixa (Exemplo: entre R$ 1.500,00 e R$ 2.200,00). Pergunte também qual seria uma pretensão salarial aproximada para considerar outra oportunidade.

Faça outras perguntas sobre informações que estão no CV. Pode ser sobre qualquer ponto que te deixou em dúvida ou é fundamental para o sucesso nesta vaga. O objetivo é decidir se vale a pena chamar o candidato para uma entrevista presencial ou não.

Abra para perguntas do candidato: “Você quer me fazer alguma pergunta sobre a empresa ou vaga?” Responda as questões da forma mais solícita possível. Sua abertura e disponibilidade neste momento inicial contribuem para sua imagem profissional e da sua empresa.

Se já tiver certeza de que quer entrevistar o candidato e ele também demonstrar interesse, não perca tempo, e marque a entrevista. Caso ainda tenha dúvidas, despeça-se informando quando o candidato terá um retorno. Dê ao candidato um feedback de "sim" ("Vamos caminhar com você no processo e o próximo passo é...") ou "não" ("Agradecemos muito o seu tempo e interesse, mas neste momento não daremos continuidade com você no processo"). É importante dar um retorno para todos os candidatos, primeiro por uma questão de respeito. Segundo porque este candidato pode não ser útil para sua vaga hoje, mas nunca sabemos o que acontecerá no futuro. E, terceiro, porque isso ajuda a construir e fortalecer a sua marca como empregador. O candidato que tem uma boa experiência no contato com a sua empresa sente-se respeitado, falará bem da sua companhia e uma boa reputação é chave para atrair bons talentos!

Roteiro para entrevista:

Antes da entrevista compare a descrição da vaga com o CV de quem vai entrevistar. Levante os principais pontos sobre a formação e experiência sobre os quais você quer conhecer mais profundamente.

Construa um ambiente convidativo para o candidato, deixando-o à vontade para participar da entrevista. Avise-o mais ou menos sobre quanto tempo vai durar e diga que você fará algumas anotações.

A partir das características comportamentais e experiência exigida, prepare uma lista de perguntas que explorem a carreira do candidato. Para conhecer mais sobre experiências use o formato "Conte-me um pouco sobre este projeto de que participou, destacando o seu papel e resultados atingidos". Para investigar competências comportamentais, peça situações vividas pelo candidato ("Descreva uma situação em que liderou uma equipe. Qual era a situação? Qual foi seu papel? Como agiu? Qual foi o resultado?"). Para explorar conhecimentos específicos: "Como você avalia seus conhecimentos de Excel? Qual a tarefa ou atividade mais complexa que já realizou usando estes conhecimentos? O que ainda precisa aprender para se tornar um *expert*?"

Se ficar na dúvida sobre as respostas dadas, não desista, faça mais perguntas até entender tudo o que precisa.

Fale um pouco sobre a vaga, a empresa, a equipe e o chefe. Use este momento para destacar por que a oportunidade é interessante e quais os principais desafios.

Abra para perguntas do candidato. Responda as que souber. Se não souber alguma, diga que vai se informar e depois responda ao candidato.

Fale sobre o pacote atual de remuneração e benefícios e pretensão salarial para mudança. Se o candidato estiver trabalhando, explore um pouco o porquê de ele querer mudar de emprego. Se ele estiver no mercado, pergunte o que mais chama atenção na oportunidade.

Encerre a entrevista agradecendo pelo tempo dele e dê um prazo para resposta. Claro: cumpra este prazo! E sempre dê um retorno, seja positivo ou negativo ao candidato.

Logo depois da entrevista, reserve um tempo para refletir e tomar uma decisão. Atribuir notas aos candidatos ajuda, caso vá entrevistar muitas pessoas e precise compará-las depois. Sugerimos um modelo de uma nota de 0 a 10 e uma lista de pontos fortes e fracos em comparação com a vaga.

Ufa!! Se você passou por todas essas etapas, está entre os finalistas! A partir de tudo que foi observado, da análise do currículo à entrevista, passando pelo desempenho nas dinâmicas de grupo e habilidades pessoais de liderança, empenho e adequação ao cargo postulado, os recrutadores avaliam os competidores e decidem, afinal, se você será o mais novo contratado da empresa!

E mais! Agora você sabe não apenas como funcionam os processos seletivos de cabo a rabo, mas também como é estar do outro lado da mesa, como pensam e agem os recrutadores! Ou seja, você já está muito à frente dos concorrentes!

Antes de seguir em frente, é hora do nosso *Checklist*!

CHECKLIST

LEMBRE-SE DOS PONTOS CRUCIAIS DESTE CAPÍTULO!

Mais do que sorte, o que garante uma vaga é fazer um bom trabalho durante as etapas de seleção. Esteja presente e participe.

Seja verdadeiro. Personagens não constroem carreiras de sucesso.

Prepare-se. Cada etapa tem um objetivo diferente e a preparação faz toda a diferença no seu desempenho.

Processos seletivos são uma escolha de mão dupla. Faça perguntas, pesquise sobre a empresa e somente participe de processos que realmente vão ao encontro dos seus objetivos.

4

ETIQUETA CORPORATIVA

fuja do mico!

Nada denuncia mais o grau de civilidade de um país e de um povo do que o modo de tratar a coisa pública e a coletividade – Gloria Kalil

Para ter um convívio harmonioso e bacana no ambiente de trabalho não basta contar apenas com o bom senso. Mas você conhece os valores da sua empresa? A cultura corporativa dela?

HEIN??

QUAL É A DIFERENÇA ENTRE VALORES DA EMPRESA, NORMAS, CULTURA ORGANIZACIONAL, CÓDIGO DE CONDUTA E ETIQUETA CORPORATIVA?

VALORES DA EMPRESA são aqueles elementos intangíveis mais importantes para a companhia e que regem as principais tomadas de decisão.

NORMAS são o conjunto de regras explícitas e declaradas que devem ser seguidas pelos funcionários da empresa.

CULTURA ORGANIZACIONAL é a cultura vigente em uma companhia. Ela é formada pelas práticas, símbolos, hábitos, comportamentos, valores éticos e morais que guiam e influenciam o comportamento e a mentalidade dos membros dessa organização.

CÓDIGO DE CONDUTA é o conjunto de regras que regem o comportamento dos funcionários. Intimamente ligado aos valores e cultura, orienta a forma de agir.

ETIQUETA CORPORATIVA é o que se espera dos indivíduos para que haja uma convivência coletiva harmônica e uma imagem profissional admirável do indivíduo. São aquelas regrinhas implícitas que não estão escritas em nenhum manual, mas que brotam no comportamento, vestimenta e relacionamento do grupo e seus indivíduos.

Os conceitos acima podem parecer abstratos, mas são os mais relevantes para a definição do modelo de gestão de cada companhia. O que pode e o que não pode ser feito nela. Seguir o código de conduta, compreender e praticar a cultura e etiqueta do lugar onde você trabalha é vital para progredir na carreira... e também para evitar deslizes e micos homéricos!

Na prática, a etiqueta corporativa vai da cultura organizacional até aquelas saias justíssimas com as quais você se depara no dia a dia do trabalho. Do tipo de roupa para usar no *casual friday* até o tratamento adequado numa festa de fim de ano. São inúmeras pequenas enrascadas com as quais você tromba na vida profissional – e, muitas vezes, fica sem saber qual é a reação mais adequada a ter, a melhor atitude a se tomar.

Pois bem! É disso que trataremos aqui. E, parar tirar o maior número possível de interrogações da sua cabeça, elaboramos uma série de perguntas e respostas sobre etiqueta corporativa. Vamos a elas!

FUJA DO MICO!

AS INÚMERAS POTENCIAIS ENRASCADAS DO DIA A DIA NO TRABALHO. O QUE VOCÊ PODE OU NÃO PODE FAZER E QUAL A MELHOR SAÍDA PARA ELAS.

Namorar pessoas da empresa: cada organização tem uma regra. Há empresas onde isso é liberado, sem restrições. Outras permitem o namoro se não for entre chefe e subordinado ou membros da mesma equipe. Outras, ainda, simplesmente proíbem em todos os casos. Investigue quais são as regras da sua empresa antes de engatar o namoro.

Festa de fim de ano: é um evento empresarial. Como tal, espera-se uma conduta um pouquinho mais descontraída que a do dia a dia. Essa descontração, na medida certa, vale para a roupa e o comportamento durante a festa. Nada de beijos apaixonados e danças exageradas até o chão! Claro, até para evitar que isso aconteça, **nunca** beba em excesso.

Tipo de roupa: para mulheres vale uma roupa causal e até mais elaborada, mas cuidado com exageros – decotes sensuais e saias curtas, nem pensar. Para homens, aplica-se a regra da casualidade, mas não vale se vestir como se estivesse indo jogar futebol ou fazer churrasco com os amigos. Nada de camisas de time, shorts e chinelo.

Consumo de bebida: quem nunca viu aquele colega de trabalho que exagerou nos drinks, flertando com todo mundo e dançando como se fosse o John Travolta? Pois é, a pior parte da bebedeira em festas da empresa é a ressaca moral do dia seguinte. Todos vão comentar e pode ter certeza de que isso contará como ponto negativo na sua reputação. Sempre existem exceções (raras) em que a cultura da empresa incentiva e pratica comportamentos mais livres e até exagerados nas suas festas. Como diferenciar as duas? Fique de olho na turma – e nos chefes. Eles vão te dar as dicas de como se comportar.

Presentes: o que deve ser um gesto de gentiliza e apreço pode acabar em uma super saia justa. Receber ou dar presentes para clientes ou fornecedores, seja um simples convite para show, garrafa de vinho ou uma caneta, nem sempre está de acordo com as regras de conduta das empresas. Antes de aceitar ou dar um presente procure se informar. Essas regras podem proibir a oferta (até mesmo de um chaveiro) ou limitar os valores dos regalos. As regras existem para evitar que um fornecedor seja favorecido indevidamente ou possa se configurar com um tipo disfarçado de propina.

Hora do almoço: apesar de ser uma hora livre, ainda está inserida no contexto de trabalho. Não tem problema usar este horário para eventualmente resolver necessidades pessoais (correr na lavanderia, levar o celular no conserto ou ir à manicure), mas este também deve ser um momento de relacionamento com os colegas de dentro ou fora da empresa (lembra do *networking*?). Quanto ao horário e duração do almoço, observe a conduta dos outros funcionários, mas leve em consideração as suas tarefas e entregas do dia.

Horário de trabalho: Cada vez mais empresas adotam posturas flexíveis. Em setores que envolvem tecnologia ou criatividade, a informalidade e a flexibilidade são ainda mais normais. Mas, se existe um horário, siga-o! Se você está mandando superbem e entregando seus resultados ou além deles, pode ser que ninguém note o horário que chegou ou saiu, mas, se esse não for o caso, pode ter certeza de que a sua pontualidade e as horas investidas serão questionadas.

Ligações pessoais no trabalho: é sempre melhor evitar. Primeiro porque, toda vez que atendemos uma ligação pessoal, perdemos o foco no trabalho. Segundo porque muitas ligações ao longo do dia vão acabar interrompendo alguma reunião ou conversa importante. Terceiro, porque, por mais baixinho que você tente falar, todo mundo vai perceber! Se exagerar nas conversas pessoais, isso pode gerar ira nos colegas e um dia a mira vai em sua direção. Mantenha o telefone no silencioso **sempre**, principalmente quando for deixá-lo em cima da mesa. Caso receba uma ligação importante e inesperada no meio de uma reunião, peça licença e atenda num lugar reservado. Caso esteja esperando alguma ligação relevante, avise antes de começar a conversa ou reunião que irá receber um telefonema e precisará atender.

Uso pessoal de internet: mensagens, e-mails, redes sociais. Neste tema, todo cuidado é pouco. Se a empresa libera o uso de redes sociais, internet e e-mail pessoal, significa que ela confia no bom senso dos funcionários na hora de usar. Bom senso, neste caso, significa usar pouco e rapidamente, de preferência em alguns intervalos específicos. Assistir a vídeos e ficar vendo fotos das amigas na praia, durante o trabalho, pega muito mal! Não só porque derruba qualquer produtividade, mas porque consome a banda de internet que deveria estar sendo usada para o trabalho.

Muitas empresas proíbem o acesso à internet para garantir a segurança da rede interna e de suas informações. Ainda que pelo seu celular pessoal, acesse o mínimo possível. O mesmo vale para mensagens. Com o crescimento dos sistemas de mensagens gratuitas pelo celular, recebemos torpedos o dia todo. Não deixe isso atrapalhar sua rotina.

Roupa ideal para o trabalho: aqui não existem regras, vale o que a cultura da empresa pratica. Em ambientes mais informais e criativos, a flexibilidade é maior, mas ainda é um ambiente de trabalho. Em empresas mais tradicionais, a prática tende a ser mais conservadora.

- **Homens:** terno e gravata só em ambientes mais formais ou em situações específicas (reuniões mais importantes, visitas a clientes, apresentações etc). Atualmente o "uniforme" corporativo é calça social e camisa. No frio, malhas e coletes. Nada de moletom, camisas de time e camisetas regata. Camisetas de manga curta e calça jeans podem ser aceitáveis, mas observe se, quando e como são utilizadas pelos colegas. Os sapatos podem ser mais informais, os chamados "sapatênis", mas, para não errar, procure um modelo clássico ou casual.

- **Mulheres:** as mulheres têm sempre mais opções e, por conta disso, a chance de errar é maior. Para acertar sempre, é só tomar cuidado com os excessos: calças muito justas, saias curtas, decotes e transparência, via de regra, não funcionam no ambiente de trabalho. Roupas de ginástica jamais. Os sapatos podem ser altos ou baixos, dependendo da roupa, mas devem estar sempre limpos e bem cuidados. Salto alto sempre causa uma impressão mais poderosa, mas alto demais (mais de 10cm) deve ser reservado para os programas pessoais. Os ternos femininos e o "duo" blusa + saias lápis (aquelas na altura do joelho e retas) são queridinhas e, com estas opções, as chances de errar são mínimas.

- ***Casual Friday*:** uma prática criada nos EUA na década de 60, previa que, após 4 dias de trabalho com roupas mais formais, na sexta-feira os funcionários pudessem se vestir de forma mais relaxada. Atualmente, como poucos ambientes ou situações pedem a vestimenta mais formal no dia a dia, o *Casual Friday* vem perdendo sentido. Em ambientes mais informais, é como se todos os dias fossem *Casual Friday*. Isso não significa que na sexta-feira vale ser totalmente desapegado, vestindo-se de forma esculhambada, como se fosse a um churrasco ou correr no parque. Em ambientes mais formais, a prática ainda tem valor e a regra diz que na sexta-feira, os funcionários podem descer um degrau na formalidade. Um, não a escada inteira! Se nos outros dias você usa terno e gravata, pode usar calça social e camisa na sexta. Se, no dia a dia, usa salto alto, pode usar sapatos baixos. Se a rotina permite calça social e camisa, a sexta-feira pode autorizar calça jeans, e assim por diante. Continuam valendo as “regras do nunca”, citadas acima (Mulheres: decotes, transparências, minissaia, calças justas e roupas de ginástica / Homens: regata, camisas de time, moletom).

Acessórios e maquiagem: neste tópico, menos é sempre mais. Os acessórios, quando bem utilizados, compõem o visual e contam sobre seu estilo e personalidade. Quando utilizados em excesso, roubam a cena. São que nem pimenta – o prato pode ser delicioso, um pouco de pimenta realça o sabor, muita pimenta, estraga. O mesmo vale para maquiagem, deve ser simples e discreta. Reserve as produções mais coloridas, brilhantes e elaboradas para sua vida pessoal.

***Piercings* e tatuagens:** até pouco tempo atrás só eram aceitáveis em ambientes bem informais ou criativos, mas isso vem mudando e muito. Mesmo com esta mudança, cuidado para não exagerar. Ainda que seja informal, a empresa pode ter dificuldades em aceitar muitos piercings ou tatuagens em locais muito visíveis, como rosto, pescoço e mãos.

Cabelo, barba, bigode: o fundamental neste tema é a higiene e o cuidado. Quanto ao estilo, barba ou corte de cabelo, isso vai depender muito de cada profissional e de cada ambiente. Já vimos pessoas com cabelos coloridos sendo contratadas, pois, independentemente da cor, estava limpos e bem cuidados. Também já vimos pessoas com cabelo castanho (supernormal) sendo reprovadas por estar com os cabelos e unhas sujas e mal cortadas – sinal de desleixo.

Tratamento e Cumprimentos: aqui a regra é “siga o mestre”. Caso você esteja iniciando o contato pessoalmente, escolha o mais tradicional: aperto de mão. Por e-mail comece com o nome da pessoa e título (Dra/Dr, se for o caso) e termine com "Atenciosamente". Para o telefone um "Muito obrigado e até breve" basta. Os outros cumprimentos mais afetivos, como beijo, abraço etc. devem ser trocados com aqueles com quem já tem mais intimidade.

Lanches e refeições na mesa de trabalho: evitar sempre que possível. Primeiro porque a sujeira pode danificar equipamentos e móveis. Segundo porque, dependendo do que está comendo, o cheiro pode atrapalhar os outros. Preferêncialmente, procure um lugar mais adequado para comer – a menos, é claro, que a regra padrão na sua área seja essa, como acontece em algumas tesourarias, bancos de investimento e escritórios por aí.

Não concordo com o comportamento ou conduta do chefe. Falo com quem? Caso haja uma relação de respeito e confiança entre vocês, vale a pena dar um *feedback* para ele. Já falamos aqui no livro como dar *feedbacks* de forma apropriada. Caso não haja uma boa relação, procure primeiro o RH. Por último, caso não haja um RH na empresa, procure o chefe do seu chefe. Evite comentar com colegas, amigos e nunca poste nas redes sociais.

Mico digital: Falando em redes sociais, cabe aqui uma dica valiosa. De alguns anos para cá, a etiqueta corporativa extrapolou o ambiente de trabalho e passou a fazer parte do ambiente digital. Você está conectado, seu colega de trabalho está conectado e seu chefe também. Não trabalha em nenhuma empresa? Mais cuidado, pois o seu futuro empregador pode estar atento ao seu comportamento neste ambiente. Via de regra, as orientações aqui são as mesmas do ambiente físico: respeito ao próximo, não expor ninguém através de fofocas, não reclamar do chefe em alto e bom tom (ou letras garrafais) e lembrar que, assim como "as paredes têm ouvidos", suas conexões também os possuem e podem transmitir uma mensagem sua para alguém que você não gostaria que a visse.

Oba! Recebi aumento, bonificações, promoções: este é sempre um momento delicado. Muitos colegas podem ficar felizes por você, outros nem tanto. Contar ou não que recebeu é uma escolha sua, mas deve ser acordado com a empresa se, como e quando compartilhar com as outras pessoas. Se a decisão for contar, só fale quando for oficial. No caso de uma promoção, eventualmente todos saberão, mas, no caso de bonificações e premiações, não necessariamente.

Tenho a mesma função do meu colega, mas ganho menos. E agora? Este é um assunto para ser tratado com seu chefe e RH da empresa. Evite falar do assunto com os colegas ou pessoas de fora. Não tire conclusões precipitadas e leve a conversa num tom ameno, para tentar compreender esta diferença. Evite acusações e um clima muito emocional.

Estou participando de outros processos seletivos. Aviso o chefe? Este tema é sempre sensível. O ideal é que haja confiança o suficiente entre você e seu chefe para que fale abertamente sobre suas insatisfações e o consequente desejo de buscar outro emprego. Caso essa relação não seja sólida o suficiente para isso, mantenha sigilo para o chefe e todas as outras pessoas da empresa. Esse é o típico assunto que vira fofoca muito rapidamente. Procure agendar entrevistas fora do horário de trabalho, mas se precisar se ausentar mantenha a simplicidade: "Tenho um compromisso pessoal e preciso me ausentar." Ponto. Evite inventar mentiras como dizer que a avó morreu ou tem consulta médica.

Quero mudar de área dentro da empresa. Falo para o chefe? Falaremos mais a frente sobre recrutamento interno, que é a maneira formal de buscar outras oportunidades dentro da empresa. Caso tenha interesse em mudar de área, o ideal é, sim, falar abertamente sobre isso com seu gestor. Caso dê certo e você receba o convite para a outra área, ele saberá – e não tem nada pior que receber esta notícia pelos outros. Se não conseguir a vaga, ele também vai ficar sabendo, e isso pode prejudicar seu futuro na área atual. A falta de transparência no início do processo seletivo interno só vai piorar a situação. Neste caso, a regra é clara, conte para o seu chefe quando se interessar por uma oportunidade interna, pois, mais dia menos dia, ele vai saber e é melhor que saiba por você.

Tenho um desafeto na empresa, e o chefe nos coloca para trabalhar juntos. O que fazer? Trabalho é trabalho e ninguém precisa ser amigo para trabalhar junto. O importante é manter um tom profissional e com foco no resultado a ser atingido. Evite conversas pessoais ou temas polêmicos. Fazer um combinado inicial, é claro, pode ajudar: "Sei que não somos amigos, mas, para trabalharmos juntos, precisamos nos ajudar e nos respeitar. Como podemos fazer isso?"

Ouvi que o chefe pretende demitir um amigo meu, da mesma equipe. O que faço? Conto para o amigo? Enquanto ainda for fofoca, contar para o amigo pode criar um pânico desnecessário. Se você tiver certeza da informação e quiser compartilhar com ele, vai depender muito da relação e confiança que existe entre vocês. Do minuto que você passar esta informação para frente, pode ser chamado de "fofoqueiro". Pense se realmente vale a pena correr este risco.

Mesmo seguindo tim-tim por tim-tim essas orientações, e ainda que muito da cultura organizacional dependa do bom senso dos funcionários, isso não impede que, vez ou outra, algum membro da equipe pise na casca de banana. Algumas gafes são frequentes. Talvez engraçadas para uma mesa de bar – desde que você não seja o protagonista do mico!

VISHHH...

ALGUMAS DAS MAIORES E MAIS FREQUENTES GAFES CORPORATIVAS

- Na hora da entrevista: chegar atrasado e não se preparar anteriormente, lendo e buscando informações sobre a empresa e a vaga.
- No primeiro dia de trabalho: vestir-se de forma exagerada, não fazer perguntas importantes e ser antipático com os novos colegas.
- Na hora da reunião: atender ligações pessoais e não deixar ninguém mais falar.
- No almoço com os colegas: dominar a cena, falando o tempo todo com detalhes sobre o final de semana.

- No Happy Hour e festa de fim de ano da empresa: beber em excesso, flertar com metade da turma.
- Na internet: falar mal do chefe, reclamar sempre da segunda-feira ou criticar algum colega de trabalho (mesmo em forma de indiretas).

Até agora falamos dos casos mais comuns com os quais a gente se depara no mercado de trabalho. Citamos também as várias situações corriqueiras em que fica difícil saber como agir, e demos sugestões para escapar do mico.

Tudo isso, classificado no guarda-chuva da etiqueta corporativa, tem também como pano de fundo a questão da cultura organizacional. Algumas das situações acabam ficando complicadas justamente pela falta de comunicação clara na hora de transmitir para a equipe o que pode e o que não pode ser feito, o que a empresa permite ou proíbe, e qual é a orientação de ação quando uma situação inusitada aparece.

NO RUMO CERTO!

POR QUE É UM BOM NEGÓCIO PARA A EMPRESA ESTABELECER E COMUNICAR CLARAMENTE SUA CULTURA ORGANIZACIONAL E TER REGRAS CLARAS:

Retenção de profissionais (rotatividade menor)

Reputação fora dos muros (reconhecida como corporação idônea e respeitada)

Compromisso dos funcionários é estimulado (esforço para atingir metas e resultados)

Melhor clima organizacional (pessoas trabalham e convivem melhor quando conhecem as regras)

Os valores e a cultura da empresa fazem toda a diferença na escolha profissional. Quanto maior é a reputação de uma companhia, mais pessoas têm interesse em trabalhar nela. Não é verdade que este ponto conta na hora de você procurar um trabalho?

E isso não deve ser uma preocupação exclusiva das grandes corporações. Se você é (ou vier a ser no futuro) gestor de uma equipe, ou então dono de um pequeno negócio, também pode colher bons frutos se estabelecer de forma cristalina as diretrizes, as normas, o código de conduta e a cultura organizacional do seu empreendimento.

A cultura organizacional passa a existir no momento em que uma empresa ainda é uma ideia – e se perpetua por toda a sua existência. Ela pode e deve mudar, adaptando-se às mudanças do mundo e do mercado. Quando falamos de cultura e regras de conduta é importante que sejam claras, que todos possam compreendê-las formal ou informalmente, mas, mais do que tudo, elas devem refletir o que a empresa realmente acredita que deve ser seu jeito de ser, viver e prosperar.

CHECKLIST

LEMBRE-SE DOS PONTOS CRUCIAIS DESTE CAPÍTULO!

Busque conhecer e compreender as regras e o código de conduta das empresas. Na dúvida de como agir, recorra a eles.

A cultura e os valores podem estar no papel, mas é observando o ambiente e as pessoas que se aprende na prática.

Identificação com a cultura e os valores é um dos principais elementos de atração e engajamento dos profissionais.

As regras de etiqueta corporativa mudam muito de uma empresa para a outra. Para fugir da saia justa, observe como os outros se vestem e se comportam.

5

LIGANDO O **TURBO**

como acelerar sua carreira

Disciplina pessoal, quando se torna um método na nossa vida pessoal, familiar e profissional, nos permite fazer coisas incríveis. – Zig Ziglar

Nada mais justo e produtivo do que ter apetite de crescimento!

Para muitas pessoas avançar na carreira é um desafio. Para outras, um processo natural. Mas o fato é que galgar degraus no mercado de trabalho é o resultado de uma combinação de variáveis. A maioria delas depende apenas de você.

Chegar no horário e fazer só o trabalho esperado dificilmente vai garantir o avanço que você espera para sua carreira. Para crescer profissionalmente é fundamental investir pesado no seu desenvolvimento profissional. Ter dedicação, desempenhar a atividade com qualidade máxima. Eficiência. E, claro, ter uma boa estratégia. Não deixe seu futuro profissional ser fruto da sorte ou do acaso. Construa sua própria sorte!

AS REGRAS DE OURO

8 PONTOS-CHAVE PARA ACELERAR SUA CARREIRA

1) Tenha um bom plano de carreira e saiba onde quer chegar.

2) Peça ***feedback*** do chefe de tempos em tempos.

3) Faça avaliação do próprio desempenho. Busque a opinião de seus colegas.

4) Seja pró-ativo - fique atento às oportunidades. Elas nem sempre serão oferecidas a você.

5) Busque aprender sempre - em cursos de idiomas, pós-graduação, leitura, seminários, congressos e eventos.

6) Não tenha vergonha de expor seu bom trabalho e saiba reconhecer quando errou.

7) Valorize-se e seja humilde para aprender e pedir ajuda.

8) Mantenha sempre o empenho, o foco, a energia e o bom humor.

Existem várias formas de acelerar sua carreira. Vamos falar sobre as formas mais assertivas ou consagradas de acionar o turbo e sentir a velocidade do crescimento. Trataremos de como pedir um aumento, que traduz o seu progresso em números e mais dinheiro no bolso; também falaremos de como buscar uma promoção, dar o próximo passo e não menos importante como ganhar a atenção da liderança da empresa. Por último discutiremos como conquistar a tão sonhada experiência internacional. Todos estes elementos, combinados ou individualmente, fazem parte de uma trajetória de sucesso!

Como pedir aumento

Quem não quer?

Possivelmente, se a gente perguntar em um grupo de 10 pessoas "Quem gostaria de ganhar mais?", até o décimo primeiro sujeito, que estava passando desavisado por ali e ouviu o rabicho da conversa, vai levantar o braço!

Então só querer não vale. Aqui vai outra pergunta. Você merece o aumento?

Se você está convencido de que precisa ganhar mais e tem argumentos fortes, pode chamar o chefe para um café ou uma reunião. Coloque o tema na mesa. E você tem que estar pronto para defender a sua tese e responder a uma pergunta que ele com certeza vai fazer! "Por que cargas d'água eu deveria te dar um aumento?"

#FICAADICA!

Não trabalhe pelo salário que você ganha hoje. Trabalhe com o foco, empenho e dedicação compatível com o salário e cargo que você deseja no futuro! É com uma atitude assim que você vai se destacar dos demais - e fazer sua carreira e seu bolso pisarem forte no acelerador.

Pedir um aumento é sempre uma questão delicada. Na hora de tocar no assunto geralmente brota aquele frio na barriga. Como será que a sua demanda será recebida? Qual é a melhor forma de abordar o assunto com o chefe?

Não existe uma fórmula fechada. Vale o bom senso. Mas alguns cuidados podem ajudar a maximizar a possibilidade de ter uma resposta positiva.

NO ALVO!

5 TIROS CERTEIROS PARA NÃO ERRAR NA HORA DE PEDIR UM AUMENTO

Tenha clareza do porquê merece um aumento. Quais foram seus últimos resultados mais expressivos? Suas responsabilidades aumentaram nos últimos tempos?

Somente o fato de o seu colega ganhar mais do que você não é motivo para pedir um aumento. Evite comparações com pares sem ter mais informações sobre o porquê da diferença salarial.

Na hora de pedir aumento, desempenho é o que conta. Qual foi sua última contribuição para maximizar os resultados da empresa? Alguma inovação? Promoveu avanço no faturamento? Trouxe economias significativas? Mapeie suas conquistas em forma de resultados concretos.

Procure pesquisar quão atualizado ou defasado está seu salário em relação ao mercado. Você ganha mais ou menos que a média dos profissionais do seu nível? Se estiver abaixo ou perto da média este é um ótimo argumento para usar com seu chefe.

Por último, em muitas empresas os salários estão organizados em faixas. A média da faixa corresponde a 100%, de forma que você pode estar a 80% da faixa, tendo muita margem para receber um aumento ou a 120% da faixa, com pouca margem de aumento antes de ser promovido para o próximo cargo ou nível salarial. Tenha este número na cabeça antes da conversa com o chefe.

Você se prepara, transpira, respira fundo, vence o receio, vai até o chefe, chama-o para uma reunião ou um café, e pede o aumento! Mas... E se der tudo errado? E se a resposta dele for NÃO?

XI... ACONTECE!

MAS... E AGORA?
O QUE FAZER NA HORA DA RECUSA

Procure compreender a explicação e a justificativa do chefe.

Pergunte o que deve fazer para conseguir um aumento - trace em conjunto com o gestor um plano de trabalho, com metas claras.

Execute este plano, pedindo feedbacks constantes sobre o seu progresso. Mantenha o empenho no dia a dia e foco nas metas.

Monitore e registre seus resultados. Você deve saber o que fez e que resultados trouxe com isso.

Combine com seu chefe uma data ou período para ter outra conversa sobre remuneração.

Além disso, entenda a justificativa do chefe. Por que ele não te deu o aumento? Avalie suas próprias fraquezas sem paixões e com sinceridade. Melhore os pontos críticos que ele indicou. Isso só aumenta as chances de conseguir o reajuste salarial no futuro.

Obtenha **clareza do que precisa fazer**, quando e como para conseguir um aumento. A partir disso, monte um plano de trabalho com metas claras e acompanhe o seu progresso, registrando suas conquistas. Na próxima conversa sobre remuneração você deve ter na ponta da língua os principais resultados alcançados.

Execute seu plano, **mantendo o empenho** no dia a dia e o **foco nas metas**. A resposta negativa do chefe não pode afetar seu rendimento no trabalho.

Marque uma nova data para falarem novamente sobre remuneração. Esta nova data deve ser logo após a entrega das principais metas do seu plano de trabalho para conseguir um aumento. Caso entregue os resultados combinados, é hora de conversar novamente.

Este também é um ótimo momento para reflexão. Reavalie o seu plano de carreira. Ele está alinhado à estratégia da empresa? Veja se de fato a perspectiva nesta companhia é o que você espera para seu futuro.

Como buscar uma promoção

O seu próximo passo

A maioria dos profissionais tem apetite por um crescimento vertical de carreira, ou seja, entende que uma trajetória de sucesso é aquela com uma sucessão de cargos cada vez mais altos na hierarquia. Se este é o seu perfil e o caminho que quer trilhar, vai precisar ser promovido diversas vezes, já que cada salto desses conta como um novo degrau na escada – e na escalada – corporativa.

Mas como conseguir uma promoção?

Antes de tudo, somente ambicionar a cadeira do chefe não é suficiente. É importante querer, mas só a vontade é pouco. Você também precisa de estratégia.

Investigue como funcionam os processos de promoção dentro da sua empresa. Observe as pessoas que foram promovidas. O que elas possuem? Tempo de experiência, de casa, pós-graduação, idiomas, excelentes resultados, maturidade profissional, disposição para assumir desafios complexos? Cada organização tem seus critérios. Depois de mapeá-los procure entender se você concorda e tem condições de correr atrás do que precisa para a promoção.

Numa segunda análise, procure conhecer bem o papel que almeja. O que, de fato, faz o profissional que ocupa o cargo que você deseja? Quais são suas principais responsabilidades e seus desafios? Converse e esteja próximo de quem desempenha esta função. Para que a aproximação aconteça de forma saudável é preciso cuidado, não aborde de forma que soe ameaçadora a quem ocupa a posição hoje.

Todo profissional de sucesso sabe que o "insubstituível" é também "impromovível"! Ou seja, se você quer crescer, não adianta fincar raízes na sua posição, não compartilhar conteúdos com os demais e criar uma imagem de que "só eu sou bom naquilo, e ninguém mais será capaz de fazer tão bem quanto eu – afinal, o risco é de que o chefe concorde, e em função disso você fique acorrentado fazendo para sempre "o que sabe tão bem"!

Todo mundo que quer crescer deve preparar um sucessor, e nada melhor que ser o escolhido para esta maratona de preparação. Para ser a opção de substituição para seu gestor, esteja disponível para ir além do seu cargo desde já! Dedique-se a fazer mais do que é solicitado a você, a aprender mais e principalmente estabeleça uma relação de confiança com seu chefe. Deixe ele saber que pode contar com você e enfatize claramente seus objetivos, alinhando-os com os do gestor. Juntos, os dois podem crescer. Para isto é fundamental que não só seu chefe, mas a alta liderança da empresa saiba da sua entrega e do seu potencial.

Como ganhar visibilidade

Mostre-se para a liderança da empresa

Ser conhecido e reconhecido pela liderança da empresa é sempre um fator importante e que conta muitos pontos na ascensão da carreira. Essa visibilidade, apesar de muito interessante, também tem alguns riscos, pois as expectativas em relação à sua entrega também passam e tendem a se tornar maiores.

O melhor jeito de chamar a atenção da cúpula da empresa de forma positiva é através da entrega de resultados excepcionais. Claro que existe o caminho da bajulação, ou do puro marketing pessoal, mas nada disso funciona por muito tempo se não estiver sustentado por um excelente desempenho.

Para garantir que o seu trabalho seja visto por quem está no topo da pirâmide, é preciso estar envolvido em atividades, áreas e projetos que sejam relevantes para o negócio. Mas como saber quais são essas atividades e projetos?

Toda empresa tem um plano estratégico ou ao menos uma ideia de como e onde quer chegar. Procure conhecer esta estratégia e, a partir dela, as iniciativas da organização que levarão a estes objetivos. Pode ser um projeto de inovação, corte de custos, entrada em um novo mercado ou lançamento de um novo produto. Tudo que estiver incluído neste plano estratégico vai atrair a atenção da alta liderança – e, se você fizer parte dos times que entregam esses resultados, também será visto.

Independentemente de cada plano estratégico, quase toda organização quer maximizar seus resultados, fazer mais com menos e entregar valor para seus acionistas. Todas as iniciativas que ajudem nesta direção de forma ética e responsável também chamam a atenção de quem manda.

Por último, perpetuar os valores da empresa é algo fundamental para quem está lá em cima. Procure agir de acordo e representar estes valores nas suas atitudes e decisões. E você certamente será notado.

Como conquistar oportunidades internacionais

Não é novidade que uma oportunidade de trabalhar no exterior alavanca qualquer carreira. A pesquisa Empresa dos Sonhos dos Jovens, realizada pela Cia de Talentos e pela NextView People, confirma isso. 60% dos jovens afirmam que esperam ter uma experiência internacional em sua trajetória![2] A mesma pesquisa realizada com executivos, em parceria com a DMRH, mostra que 13% deles acreditam que um dos melhores investimentos que uma empresa pode fazer em seu desenvolvimento é a possibilidade de ocupar cargos internacionais.

Antes de arrumar as malas, a primeira coisa importante é entender se a empresa em que você está hoje oferece oportunidades de carreira ou projetos internacionais. Isso é mais comum em companhias multinacionais ou nacionais que desejam expandir suas operações para fora do Brasil. Caso não seja o caso, você talvez precise considerar uma mudança de emprego para organizações que tenham estas características, ou ainda propor que sua empresa passe a vislumbrar uma expansão ou negócios com outros países.

Naturalmente, o pré-requisito mínimo para conquistar oportunidades no exterior é o domínio de outros idiomas. Em primeiro lugar o inglês, que ainda é a língua mais falada no mundo dos negócios. Depois, o espanhol, pois muitas empresas brasileiras começam sua expansão multinacional pela América Latina. E, para quem gosta mesmo de um desafio e está de olho no futuro, o mandarim pode ser uma ótima pedida.

Caso esteja empregado em uma empresa de outra nacionalidade (francesa, alemã, sueca...) e queira crescer dentro dela, vale a pena investir no idioma falado na matriz. Mas é bom saber que isso embute um risco maior. Se você sair da empresa, vai ser mais difícil encontrar outras da mesma nacionalidade. Por outro lado, o inglês é normalmente falado e aceito como padrão em companhias de diferentes nacionalidades que atuam no cenário global.

Mas não basta falar o idioma, sem conhecer a cultura e o mercado. Procure estar ligado nos movimentos da economia mundial, questões políticas relevantes e como a sua área ou negócio funcionar e se comportar internacionalmente. Buscar cursos ou pós-graduações com foco no mercado internacional também pode ajudar.

Todos esses são passos robustos na direção correta! Mas nada disso vai adiantar se o seu gestor ou o RH da empresa não souberem do seu interesse. Em conversas sobre sua carreira ou na definição de suas funções, deixe claro o seu desejo de trabalhar fora, assim pode ser considerado para estas oportunidades.

A empresa não é boba. Nem casa de caridade. É natural que

depois de oferecer esta oportunidade – que não é trivial – ela queira um *payback*, um retorno do esforço e do capital investido. Isso vale para experiências de trabalho e estudo no exterior. Por isso não raras vezes quem volta entra quase em um casamento com a companhia, ganha uma espécie de "algemas de ouro", com benefícios ou acordos de longa duração.

Existem muitas formas de alavancar sua carreira. O importante é lembrar que você é o piloto. As decisões que tomar, somadas às suas atitudes, é que vão determinar a velocidade do seu crescimento. Para que este avanço aconteça na direção certa é importante definir seus objetivos e, a partir deles, traçar seus planos, levando em conta o seu destino final. Nem sempre um aumento de salário significa crescimento de carreira. Explore outras formas de garantir que está conquistando os marcos necessários para chegar aonde você quer.

CHECKLIST

LEMBRE-SE DOS PONTOS CRUCIAIS DESTE CAPÍTULO!

Existem muitas formas de acelerar sua carreira. Pedir um aumento é apenas uma delas. Busque também promoções adequadas ao seu momento profissional e à sua experiência

Tenha clareza do que quer e esteja disposto a fazer além do esperado para atingir seus objetivos. O mínimo ou a média não são suficientes para quem quer crescer

Não adianta fazer mais e melhor se ninguém sabe disso. Saiba reconhecer seus acertos e conquistas e garanta que eles estejam alinhados aos objetivos do negócio. Isso vai atrair a visibilidade da alta liderança

Oportunidades de trabalhar no exterior podem funcionar como poderosas alavancas na sua carreira . Antes de buscá-las, garanta obrigatoriamente o domínio do segundo idioma - e de preferência de um terceiro - e conhecimento do cenário internacional.

6

PÓS-GRADUAÇÃO

qual e quando

Aprender é tanto meio como fim. – Willis Harman

Todo profissional em um determinado momento da carreira para e faz um balanço. Cheguei aonde gostaria? Estou crescendo na velocidade que imaginava? Como posso melhorar o conteúdo do meu currículo e conseguir uma mudança, aumento, promoção, ampliar o leque de oportunidades e avançar a marcha para voar mais rápido na carreira?

Muitos profissionais, fazendo essas perguntas, chegam à conclusão de que o diferencial, o elemento que pode agir como propulsor, é uma pós-graduação. E, sem dúvidas, agregar novos conhecimentos, ampliar o *networking* e adicionar formações a seu currículo traz grandes benefícios!

DE OLHO NO NÚMERO!

Segundo o Guia de Pós-Graduação e MBA publicado pelo Guia do Estudante,[3] existem mais de 10.000 cursos ***lato sensu*** (Especializações e MBA) no Brasil e em torno de 5.400 cursos ***stricto sensu*** (mestrados acadêmicos, profissionais e doutorados).

A apuração feita pelo Guia de Pós-Graduação e MBA 2014 da Editora Segmento, aponta a existência de cerca de 200.000 estudantes de pós-graduação ***stricto sensu*** (mestrado e doutorado), mas estima-se que o número total de alunos, considerando os programas ***lato sensu***, pode chegar a milhões de alunos, que não entram nas estatísticas oficiais do MEC.

Mas, com o tempo e o dinheiro (que não é pouco!) investido em uma pós-graduação, que retorno efetivo você pode esperar? Que efeito ela trará na sua carreira? Quando fazer e qual é o tipo de pós mais adequada para você?

Os dividendos geralmente vão muito além do conhecimento adquirido. Voltar à sala de aula de uma boa pós ajuda a desenvolver novos raciocínios, ter maior visão de mundo, estabelecer novos contatos profissionais. E não para por aí.

NO RUMO CERTO!

AS VANTAGENS DE SE FAZER UMA PÓS-GRADUAÇÃO

Networking - Além dos conteúdos adquiridos em sala de aula, você aprende com experiência dos outros alunos, mostra a sua e estabelece importantes contatos profissionais que podem te ajudar no presente e no futuro.

Empregabilidade - Estes novos conhecimentos práticos e teóricos certamente irão melhorar sua postura e seu conteúdo profissional, e consequentemente turbinar seu CV.

Inovação - Novos conhecimentos podem oxigenar projetos ou processos antigos e também promover com mais facilidade a criação de novas empreitadas.

Carreira - Se você quer um cargo superior ao seu atual, principalmente se for como gestor, este investimento tende a ajudar nesta trajetória.

Mudança de Área - Se você quer mudar de área ou até de carreira, uma pós-graduação pode ajudar a ganhar os conhecimentos necessários para esta mudança e estabelecer novos contatos.

DE OLHO NO NÚMERO!

De acordo com o ranking do jornal britânico ***Financial Times***,[4] o melhor MBA do mundo é da Harvard Business School. Um diploma desta renomada instituição pode significar um aumento de até 113% no salário!

O único MBA brasileiro no ranking dos 100 melhores do mundo está em 79º lugar e é oferecido pelo COPPEAD - instituto de pós-graduação e pesquisa em Administração da UFRJ. O diploma da instituição carioca pode aumentar o salário em até 138%.

O fato de estar no topo do ranking do *Financial Times* não significa necessariamente que o MBA é também o mais querido pelo mercado. Outro ranking americano famoso consolidado pela U.S. News também leva em consideração a opinião dos recrutadores na avaliação dos MBAs. De acordo com esta publicação, Harvard está em terceiro lugar, enquanto o MBA de Stanford fica com a medalha de ouro.

O MBA é apenas uma modalidade de pós-graduação e falaremos mais sobre ele ainda neste capítulo. No entanto, existem diversas variações de pós-graduação. Algumas duram poucos meses, outras 2 anos ou mais. Algumas proporcionam uma abordagem mais prática e voltada para o mercado de trabalho, com casos reais e exemplos concretos. Outras tendem a abordar a parte teórica, as novas pesquisas, um mergulho acadêmico.

As alternativas são classificadas em 2 grupos principais de cursos: *Lato Sensu* e *Stricto Sensu*.

HEIN??

O QUE SIGNIFICA

Lato Sensu: *do latim, "sentido amplo". Inclui os cursos de especialização e MBA, que estudam uma gama maior de assuntos e temas, mais ligados à prática profissional.*

Stricto Sensu: *do latim, "sentido restrito", inclui os cursos de mestrado, doutorado e pós-doutorado, que estudam um assunto específico com muita profundidade teórica.*

Vamos então destrinchar os principais tipos de pós-graduação, entender as características de cada um e ver qual é mais adequado para seus objetivos profissionais.

RAIO-X DA PÓS

AS CARACTERÍSTICAS DAS PRINCIPAIS ALTERNATIVAS

	ESPECIALIZAÇÃO	MBA (Masters in Business Administration)
OBJETIVO	formar especialistas em uma determinada área de atuação.	formar especialistas em negócios ou gestão empresarial.
DURAÇÃO	de um a dois anos, mas para ter o reconhecimento do MEC precisa ter carga horária de no mínimo 360 horas-aula.	de um a dois anos, mas para ter o reconhecimento do MEC necessita de uma carga horária mínima de 360 horas-aula. Esta carga classifica o MBA no padrão Brasil,[5] enquanto, para se classificar no padrão global, precisa ter 480 horas-aula.

	ESPECIALIZAÇÃO	MBA (Masters in Business Administration)
FREQUÊNCIA DAS AULAS	das aulas: varia muito, mas normalmente acontecem no período noturno e finais de semana.	para os MBAs **part time**, nos quais os alunos trabalham e estudam, as aulas acontecem aos finais de semana e/ou em algumas noites da semana.
COMO ACONTECE	Como são cursos voltados para o desenvolvimento de algum conhecimento técnico ou científico específico, têm aulas teóricas e alguns, aulas práticas, além de estudo em casa. Todos exigem uma monografia ou trabalho de conclusão de curso.	Aulas de disciplinas ligadas à gestão de negócios e administração, através de estudos de casos e ferramentas e estratégias de gestão atualmente aplicadas nas empresas. A maioria dos cursos exige monografia.
O QUE ESPERAR DO CURSO	ganhar novos ou aprofundar conhecimentos técnicos relevantes para uma determinada área de atuação.	muito contato com outros profissionais e conhecimentos ligados à gestão de negócios.
PRÉ-REQUISITOS E SELEÇÃO	certificado de conclusão da graduação é requerimento básico. Algumas instituições mais exigentes podem realizar provas, entrevistas e análise de currículo.	certificado de conclusão de curso superior e análise de currículo para verificar experiência profissional. Pode incluir entrevistas e provas de idiomas, lógica e matemática.
CERTIFICAÇÃO	oferece título de Especialista	título de Especialista.

	MESTRADO ACADÊMICO	MESTRADO PROFISSIONAL
OBJETIVO	aprofundar o conhecimento conquistado na graduação, através do estudo e pesquisa teórica.	modalidade de pós-graduação ***stricto sensu*** mais recentemente regulamentada pelo MEC, oferece um foco maior no mercado de trabalho. Ele mantém o aprofundamento teórico do mestrado, mas preocupa-se com a aplicabilidade prática do tema de estudo.
DURAÇÃO	em média dois anos.	em média dois anos, mas depende muito da disponibilidade do aluno.
FREQUÊNCIA DAS AULAS	em geral a carga horária em sala de aula é pequena, mas pode acontecer no período diurno. Por outro lado, exige muito estudo individual, tempo para pesquisa e participação em palestras, congressos e simpósios.	varia muito, podendo incluir aulas durante a semana, mas normalmente em horários alternativos (noites e finais de semana), pois é voltado para profissionais que querem o diploma de mestre, mas continuam trabalhando. Algumas escolas exigem estágio.
COMO ACONTECE	Poucas matérias selecionadas (entre obrigatórias e optativas) e com foco no tema e área de estudo, porém há muita ênfase na pesquisa individual e em grupos e redação da dissertação. Ao final do curso, esta dissertação deve ser apresentada a uma banca examinadora.	Matérias em sala de aula e um trabalho bem estruturado de conclusão de curso. Por ser um mestrado com mais foco prático, estes trabalhos de conclusão podem fugir do modelo tradicional de dissertação, sendo apresentados em forma de novos produtos, patentes ou até mesmo uma nova empresa.

	MESTRADO ACADÊMICO	MESTRADO PROFISSIONAL
O QUE ESPERAR DO CURSO	aprofundar seus conhecimentos sobre uma determinada área, acesso a outras pesquisas acadêmicas e contato com pesquisadores, professores e estudiosos.	contato e troca com outros profissionais de área de atuação e formação semelhantes, pesquisa acadêmica e de mercado.
PRÉ-REQUISITOS E SELEÇÃO	certificado de curso superior, análise do currículo, entrevistas e provas. O processo seletivo para o mestrado também pede a apresentação de um projeto de pesquisa, que mostra a área de interesse ou objeto de estudo que o candidato pretende investigar. Ter participado de programas de iniciação científica, assim como um excelente histórico escolar na graduação, ajuda muito para aprovação nos mestrados mais concorridos.	diploma de curso superior, sendo que o processo seletivo pode incluir provas, análise de currículo e apresentação de um projeto de pesquisa.
CERTIFICAÇÃO	título de Mestre.	título de Mestre.

	DOUTORADO	PÓS - DOUTORADO
OBJETIVO	aprofundar ainda mais o conhecimento teórico, através do estudo e defesa de uma tese com perspectiva inédita sobre determinado tema.	segue regras e tem características semelhantes às do doutorado, pois é considerada uma nova pesquisa ou a continuação da pesquisa iniciada na busca pelo título de doutor. Não existem aulas, somente pesquisa e um trabalho de conclusão apresentado para uma banca como um artigo científico, relatório ou inovação. o objetivo é passar um tempo dedicado à pesquisa. No exterior, é ainda mais livre. No Brasil, quando vinculado a um programa de bolsa, a documentação e entrega de um resultado da pesquisa é mais exigente. É uma pesquisa independente que não confere título, não tem aula obrigatória, mas exige a entrega de um trabalho com formalidade menor que de um doutorado.
DURAÇÃO	de quatro a cinco anos. Como no mestrado, a carga horária de aulas não é exaustiva, mas o volume de leitura, pesquisa e estudo individual é imenso e demanda comprometimento quase exclusivo.	–

	DOUTORADO	PÓS - DOUTORADO
FREQUÊNCIA DAS AULAS	chamadas de créditos, que podem variar a partir da existência ou não do título de mestre, compostas normalmente de matérias obrigatórias e optativas. Podem acontecer durante o dia.	–
COMO ACONTECE	poucas matérias selecionadas (entre obrigatórias e optativas) e com afinidade ao tema de estudo e foco no projeto de pesquisa, porém há muita ênfase na pesquisa individual e redação da tese. Ao final do curso, esta tese deve ser defendida perante uma banca examinadora, muito exigente e questionadora.	–
O QUE ESPERAR DO CURSO	aprofundar seus conhecimentos sobre determinada área, explorar um ponto de vista novo sobre um tema e ter acesso a outras pesquisas acadêmicas, contato com pesquisadores, professores e estudiosos.	–
PRÉ-REQUISITOS E SELEÇÃO	idealmente, ter o diploma de mestrado, mas é possível fazer o doutorado somente com a graduação completa. O mais importante para o processo seletivo é o projeto de pesquisa, análise de currículo e entrevista, mas pode haver provas de conhecimentos.	–
CERTIFICAÇÃO	título de Doutor.	–

Para o mercado de trabalho, todas as modalidades de curso têm seu valor, pois, como explicamos acima, cada uma tem seu objetivo e promove a conquista de diferentes títulos e conhecimentos.

O simples fato de você cursar uma pós-graduação, principalmente em instituições renomadas, já mostra que tem interesse em se manter atualizado e que adquiriu novos conhecimentos e contatos profissionais. Ou seja, já marca pontos na sua carreira e no seu currículo! Para finalizar qualquer pós-graduação é preciso disciplina, capacidade de processar muitas informações e profundidade de análise – competências muito bem vistas pelo mercado.

Para garantir o retorno sobre o investimento de tempo e dinheiro feito na pós, a escolha do curso e da instituição é elemento-chave! Dito isso, como escolher a melhor para você? Os critérios abaixo precisam fazer parte da sua pesquisa, que deve ser detalhada para garantir a matrícula no curso e instituição certa.

Sua **disponibilidade de tempo** é um critério fundamental para a decisão sobre o tipo de curso e instituição. Como já falamos, alguns demandam dedicação exclusiva ou muito intensa, outros são formatados para serem conciliados com o trabalho. Em qualquer caso, uma pós-graduação vai consumir, em maior ou menor escala, seu tempo livre. Certifique-se de que está num momento de vida pessoal e familiar que permite esta dedicação e esse empenho.

A **qualidade** de um curso e instituição é composta de vários fatores. Um dos mais importantes é a regulamentação pelo MEC. Os cursos *stricto sensu* são de responsabilidade da Capes (coordenação de aperfeiçoamento de pessoal de nível superior) que acompanha estes cursos anualmente e a cada triênio emite uma avaliação, considerando diversos fatores – de infraestrutura à produção de pesquisa. Esta avaliação vem em forma de uma nota de 1 a 7, sendo que a nota 3 classifica o curso dentro do padrão mínimo de qualidade. Ou seja, cursos *stricto sensu* com notas abaixo de 3 no MEC devem ser questionados se aparecerem na sua escolha.

Quando falamos dos cursos *lato sensu,* não há uma regulamentação formal ou sistemática feita pelo MEC. Para estes cursos, há pré-requisitos mais simples: mínimo de 360 horas-aula, corpo docente formado pelo menos por 50% de mestres ou doutores e a exigência de um trabalho de conclusão de curso para emissão do diploma. Apesar de não exigir regulamentação do MEC para serem ministrados, os cursos *latu senso* que têm o aval do MEC tendem a ter uma qualidade maior. Para os MBAs, considere os rankings e credenciamento na Anamba (associação brasileira de MBAs) como um dos indicadores de qualidade.

E, claro, vale também uma regrinha de ouro: a **marca** e o **renome**! Nenhuma instituição de ensino acumula reconhecimento e fama no mercado só com propagandas no rádio ou na TV. É a qualidade dos cursos e dos profissionais que saem delas que faz com que o renome seja consolidado. Se não quiser errar, vá de cabeça nas escolas, universidades e centros respeitados e que funcionam como referência de qualidade. Esta marca vira um carimbo no seu CV. Ter cursado a pós-graduação numa instituição top de linha significa que provavelmente passou por um difícil e concorrido processo seletivo, que teve disciplina para estudar e capacidade analítica para escrever um complexo trabalho de conclusão de curso. Além do desenvolvimento das habilidades e comportamentos, teve acesso a conteúdo de ponta e professores consolidados. Por último, as melhores instituições atraem os melhores alunos e esse *networking* é realmente especial.

Outro ponto fundamental é a **infraestrutura** física, tecnológica e de acesso a conteúdo. Dependendo do curso as instalações de laboratórios e espaços para aulas práticas fazem toda a diferença. No caso de cursos a distância, fique atento à tecnologia disponível para aulas e apoio, assim como ferramentas de integração e relacionamento com professores e outros alunos.

Como para todas as outras coisas do mundo, as pós-graduações, principalmente os MBAs, estão organizadas em **rankings** e passam por **certificações.** Os rankings mais importantes são avaliados e organizados pelo *Financial Times*, Forbes e US News e estão disponíveis online e em inglês. Das instituições certificadoras, a mais relevante internacionalmente é a Amba (Association of MBAs) que certificou cinco instituições brasileiras (IBMEC- RJ, Insper-SP, FGV – SP, FDC- MG, FIA- SP), a nacional Amamba (Associação Nacional de MBA) e a Anpad (Associação Nacional de Pós-Graduação e Pesquisas em Administração). Em outras áreas, associações como a OAB (Ordem dos Advogados do Brasil) podem oferecer informações sobre cursos e instituições. Todas as informações estão nos websites das publicações e instituições.

A qualidade dos **alunos** que serão seus colegas de curso é um fator muito importante. Uma vez que ampliar o networking é um dos grandes objetivos de cursar uma pós-graduação, o corpo de **ex-alunos** também conta, pois o fato de ter cursado a mesma instituição e fazer parte da rede de *Alumni* pode te ajudar a estabelecer contatos importantes que venham a abrir diversas portas no futuro.

O contato com os ex-alunos também ajuda a entender a **percepção do mercado de trabalho** sobre o curso e instituição. Se forem realmente bons, ex-alunos devem, em sua maioria, ter tido progressos significativos de carreira ou aumentos de salário após a conclusão do curso. Busque falar com estes profissionais pedindo referências para as próprias instituições, os grupos nas redes sociais ou através da sua rede de contatos.

Outra opinião que deve ser levada em consideração é a de **recrutadores e especialistas em carreira.** Eles podem te dar uma visão mais alinhada com o mercado de trabalho e uma opinião isenta sobre o impacto de cada curso em sua carreira.

Por último, é fundamental levar em conta na sua decisão se vai optar por cursar de forma **presencial** ou a **distância**. A aceitação de cursos presenciais pelo mercado é maior, enquanto a localização da instituição é crucial. Se optar por cursos a distância, conhecidos como "EAD", são ideais para quem mora longe dos grandes centros, tem dificuldade de locomoção ou dispõe de menos recursos financeiros. Existem mais de 120 instituições autorizadas pelo MEC a oferecer estes cursos. Mas muito, muito cuidado na hora de escolher! Para reduzir a resistência do mercado aos cursos online, matricule-se no EAD de uma instituição renomada. Procure informações nas fontes que já citamos e certifique-se da qualidade da tecnologia disponível para realização do curso. A Abed (Associação Brasileira de Educação a Distância) também pode ser uma fonte relevante para a sua pesquisa.

#FICAADICA!

Os MOOCs (***massive open online courses***) fazem parte de uma grande iniciativa de ampliar a distribuição de educação, usando tecnologia. Através de videoaulas, textos e material de leitura, é possível fazer cursos online de diferentes temas e com a chancela de grandes instituições como USP, Harvard, Stanford e Yale. Estes cursos estão disponíveis em diversas plataformas nacionais e internacionais (Coursera, edEx, Udacity, Veduca etc.) e podem ou não oferecer tutoria dos professores e ferramentas para testar e certificar os alunos.

Para se dar bem cursando os MOOCs, disciplina e automotivação são fundamentais!

Qualquer que seja o curso escolhido, ele deve ser adequado para o seu perfil e o que espera como resultado. O que levar em conta na hora de buscar uma pós, seja ela qual for?

Cada um no seu quadrado

O tipo de pós mais indicado para cada perfil

Opte por ESPECIALIZAÇÃO se você...

Quer se especializar em alguma área ou conquistar conhecimentos complementares ao seu campo de atuação.

Ocupa uma função de especialista e quer progredir na carreira, mas ainda não sabe se quer assumir cargos de liderança.

Gosta de assistir às aulas, trabalhar em grupo e tem tempo e disciplina para estudar e escrever.

Quer ampliar seu networking com profissionais da sua área ou área correlatas.

Opte por MBA se você...

Precisa ganhar conhecimentos de gestão e negócios.

Ocupa ou busca cargos de liderança.

Gosta de aprender através de discussões e troca de experiências.

Quer ampliar seu networking com profissionais de outras formações e segmentos.

Opte por MESTRADO se você...

Tem interesse em carreira acadêmica ou em pesquisa científica.

Tem bastante tempo livre para se dedicar a pesquisas e estudo. Se estiver trabalhando, precisa de flexibilidade de horário. pois muitas aulas são durante o dia.

Gosta de aprender através de leitura e pesquisa.

Quer conhecer e se relacionar com estudiosos, pesquisadores e professores.

Opte por MESTRADO PROFISSIONAL se você...

Tem interesse em carreira em empresas ou empreendedorismo.

Quer ampliar seu conhecimento teórico e prático sobre uma determinada área.

Tem tempo para se dedicar a pesquisas e estudo, mas precisa conciliar com o trabalho.

Gosta de aprender através de leitura, pesquisa e trocas com outros profissionais.

Quer conhecer e se relacionar com pesquisadores, professores e profissionais da sua área.

Opte por DOUTORADO se você...

Tem interesse em carreira acadêmica, em pesquisa científica ou consultoria.

Gosta do status de expert num determinado assunto

Tem bastante tempo livre para se dedicar a pesquisas e estudo. O doutorado pode levar até 5 anos e demanda dedicação exclusiva.

Gosta de aprender através de leitura e pesquisa.

Quer conhecer e se relacionar com estudiosos, pesquisadores e professores.

Opte por PÓS-DOUTORADO se você...

Tem o perfil para doutorado e quer desenvolver ainda mais uma linha de pesquisa já iniciada no doutorado ou outra totalmente nova.

Já ficou claro que a escolha da modalidade, do curso e instituição dependem de uma série de variáveis. E não podemos deixar de tocar na questão financeira. Os investimentos para uma pós-graduação em uma instituição privada no Brasil podem ter mensalidades que começam em R$ 200,00 e passam de R$ 2.500,00. Se falarmos das escolas internacionais, uma das mais caras dos EUA – Wharton, que fica na Universidade da Pennsilvania, o valor pode chegar a R$ 13.000,00 por mês, fora os custos com livros, transporte, alimentação e moradia.

Claro que as pós-graduações oferecidas pelas instituições públicas brasileiras são gratuitas, mas ainda existem os custos de se manter durante o curso (caso não consiga trabalhar ao mesmo tempo), além das despesas com livros e materiais didáticos e de apoio.

Existem algumas formas de pagar pelo sonhado curso de pós-graduação. Vamos a elas:

Suas economias: se você tiver bastante disciplina e conseguir fazer uma reserva financeira, pode usar este "pé-de-meia" para pagar os estudos. Para isso, certamente vai ter que adiar outros planos como viagens ou a compra de um carro. Mas é um belo investimento, e certamente a melhor opção do ponto de vista financeiro. A possibilidade de pagar à vista ou adiantado garante descontos interessantes, além de não sobrar dívidas após o curso.

Financiamento: muito comum no exterior, a busca por crédito para "compra" de educação ainda está engatinhando no Brasil. Estes financiamentos podem ser oferecidos diretamente pela própria universidade ou instituição, em bancos ou fundações, e ainda por organizações especializadas em conceder crédito para estudantes. Basicamente, para arcar com os custos, estes programas oferecem um empréstimo pago em parcelas que às vezes vão além da duração da pós, chegando a 48 meses para quitação no Brasil e 30 anos em bancos estrangeiros.

Bolsas de Estudo: particulares, públicas ou da própria instituição. Existem diferentes formas de conseguir uma bolsa de estudos:

Públicas: as mais conhecidas são as agências ou órgãos de fomento ou amparo à pesquisa. Nacionais: CAPES (Coordenação de Aperfeiçoamento de Pessoal de Nível Superior), CNPq (Conselho Nacional de Desenvolvimento Científico e Tecnológico) e as Fundações Estaduais, como a paulista FAPESP, a carioca FAPERJ e a mineira FAPEMIG. As regras para concorrer a uma bolsa dessas variam de uma instituição para outra, levando em consideração a situação financeira e o mérito do aluno. Normalmente exigem dedicação exclusiva, de forma que o estudante não pode ter outra fonte de renda (ou seja, nada de trabalhar!).

Privadas: existe um número crescente de instituições privadas de fomento à educação que concedem bolsas parciais para alunos através de parcerias com escolas e universidades. Para participar destes programas, os alunos que se candidatam e são aprovados recebem até metade do valor da mensalidade, e devem contribuir com uma taxa de participação paga semestralmente às empresas. Alguns exemplos são a Educa Mais Brasil, Quero Bolsa e o Mais Estudo.

Instituições de Ensino: na tentativa de atrair os melhores talentos, cresce o número de instituições privadas que concedem bolsa de estudo para pós-graduação. As regras de elegibilidade variam de uma instituição para a outra. Pesquise.

Pago pela Empresa: Como parte da estratégia de desenvolvimento e engajamento de seus funcionários, muitas companhias oferecem incentivo financeiro parcial ou total para pagamento de bolsas de estudo para pós- graduação. Procure o RH da sua empresa ou seu chefe e investigue se você tem direito a esse benefício.

Ciência Sem Fronteiras: é um programa que busca promover a consolidação, expansão e internacionalização da ciência, tecnologia, inovação e competitividade brasileira por meio do intercâmbio e da mobilidade internacional. A iniciativa é fruto de esforço conjunto dos Ministérios da Ciência, Tecnologia e Inovação (MCTI) e do Ministério da Educação (MEC), através de suas respectivas instituições de fomento (CNPq e Capes) e das Secretarias de Ensino Superior e de Ensino Tecnológico do MEC.

O projeto prevê a utilização de até 101 mil bolsas em quatro anos para promover intercâmbio, de forma que alunos de graduação e pós-graduação façam estágio no exterior com a finalidade de manter contato com sistemas educacionais competitivos em relação à tecnologia e à inovação. Além disso, busca atrair pesquisadores do exterior que queiram se fixar no Brasil ou estabelecer parcerias com os pesquisadores brasileiros nas áreas prioritárias definidas no Programa, bem como criar oportunidade para que pesquisadores de empresas recebam treinamento especializado no exterior.[6]

Bom, até agora você já recebeu um monte de informações! Mas como acreditamos que você quer dar largas passadas na sua carreira, e a pós pode ser um salto importante nessa direção, vamos continuar com mais algumas dicas para que o curso faça diferença no seu currículo e na sua trajetória profissional.

NO RUMO CERTO!

4 RECOMENDAÇÕES PARA ESCOLHER UMA PÓS-GRADUAÇÃO

1) Quanto maior a ligação do curso escolhido com a área de atuação profissional, maior é a possibilidade de este aprendizado ser posto em prática e o investimento valer a pena.

2) Se a escolha do curso estiver vinculada a uma mudança de carreira, é bom pesquisar com profissionais da área se a opção escolhida é a mais apropriada.

3) A escolha da pós deve estar alinhada com seus objetivos de vida e carreira, então não deve ser feita apenas para "agradar" o chefe ou futuro recrutador.

4) Além do prestígio da instituição, é importante analisar e comparar os conteúdos das aulas, os currículos dos professores e as cargas horárias.

Se já estabelecemos os critérios para escolher QUAL pós é a mais adequada para você.... QUANDO ela deve ser feita?

NO ALVO!

IDENTIFICANDO O MELHOR MOMENTO PARA FAZER UMA PÓS

Não existe momento certo ou errado de cursar uma pós-graduação, mas também não é muito apropriado fazer uma pós-graduação imediatamente após o término de uma graduação.
Conhecimentos teóricos de uma pós-graduação são mais bem assimilados quando o estudante já traz certa bagagem profissional (conhecimento prático).

Antes de iniciar uma pós-graduação, é importante planejar-se para ter tempo para estudar e, também, verificar se o valor do investimento cabe no seu bolso.
Não existe limite de idade para fazer uma pós, e o perfil dos alunos costuma ser bem variado.
É fundamental ter agenda ou estar disposto a abrir mão do seu tempo livre para cursar uma pós-graduação. A demanda por estudo, leitura e trabalhos, além da frequência nas aulas, é bem intensa.
Momentos familiares ou pessoais complexos ou de mudança podem não ser ideais para mergulhar nos estudos. É melhor postergar a pós e fazer bem feita!

#FICAADICA!

Na maioria dos casos, um aumento de salário está relacionado com as competências, a experiência e os resultados que um profissional entrega. Mas, para cargos de gestão, uma pós-graduação geralmente é muito valorizada e pode até ser um pré-requisito em um processo seletivo.

Malas prontas

Estudar e trabalhar lá fora

Estudar e trabalhar fora do país é uma oportunidade que merece uma atenção especial. Ter uma experiência acadêmica ou de trabalho internacional é um dos sonhos mais comuns de muitos profissionais.

Estudando lá fora – O MBA

No mundo dos negócios, a modalidade mais buscada para alunos que querem estudar fora do país é o MBA.

Existem muitas diferenças entre fazer MBA no Brasil e no exterior. Apesar de carregarem o mesmo nome, os cursos são muito diferentes. A começar pela demanda, pelo nível de exigência para ingresso e conclusão, disponibilidade de tempo e dinheiro. O investimento em um MBA lá fora vale cada centavo e minuto investido, principalmente quando cursado em alguma instituição renomada. Primeiro, porque a qualidade do conteúdo e dos professores é realmente de ponta. O que há de mais inovador e profundo está sendo estudado e pesquisado nestas escolas. São verdadeiras "mecas" educacionais. Segundo, porque o networking é de primeiríssima linha e melhor, multicultural. Terceiro, porque como normalmente exige muita dedicação, em alguns casos, em tempo integral, a qualidade do que se aprende é imensa. Por último, vale a pena estudar no exterior, pois esta experiência transforma um profissional brasileiro num executivo global. Isso é interessante para quem gosta de conviver com outras culturas e tem como um de seus planos de carreira trabalhar no exterior.

Falando em trabalho...

Trabalhar fora do país pode ser uma oportunidade única de turbinar sua carreira. A exposição a outras culturas de relacionamento e negócios, sem falar no domínio de outro idioma, faz muita diferença num mundo globalizado. Existem algumas formas mais comuns de conquistar esta sonhada experiência:

Expatriação: é quando um profissional é "exportado" para outro país. Normalmente por tempo determinado, a empresa decide transferir ou expatriar um profissional para que ele contribua e aprenda sobre a cultura e os negócios de outra unidade. Estes processos custam muito caro para as empresas, por isso, em alguns casos, elas demitem o funcionário no Brasil e contratam diretamente em outra localidade.

Projetos Internacionais: são os chamados *international assignments.* Neste formato, o profissional assume uma responsabilidade específica dentro de um projeto ou missão internacional.

Normalmente de curta duração, mas podem ser mais longos.

Summer Jobs: os estágios de férias, muito comuns nos MBAs internacionais, oferecem a oportunidade de o aluno trabalhar por um curto período (normalmente três meses), conhecendo mais a empresa e contribuindo com ela, para ser possivelmente contratado depois. Os *summer jobs* podem acontecer no país onde se está cursando o MBA ou não.

Para finalizar, os cursos de pós podem ser importantes aliados na busca por qualificação e aprimoramento. Investir em conhecimento é fundamental para quem quer crescer na carreira. Seja no Brasil ou no exterior, viver a experiência de continuar os estudos com tudo que ela tem a oferecer é parte fundamental de uma carreira de sucesso. Como diria Tom Peters: "Numa sociedade com base no conhecimento, por definição é necessário que você seja estudante a vida toda."

CHECKLIST

LEMBRE-SE DOS PONTOS CRUCIAIS DESTE CAPÍTULO!

A pós-graduação vai muito além do conteúdo. Ela pode adicionar valor ao seu networking, empregabilidade, mudança de área ou promoção.

Antes de se matricular, pesquise qual tipo de pós-graduação vai ao encontro de seus objetivos profissionais e do seu perfil.

Tranquilidade e planejamento financeiro são fundamentais para concluir a pós com sucesso.

A pós-graduação pode ser um ótimo motivo para ter a tão desejada experiência internacional, mas estudar fora do país demanda maior planejamento e investimento de tempo e dinheiro.

Cada curso tem uma exigência de tempo diferente. Estude estas demandas de carga horária frente a sua disponibilidade de horário.

7

NETWORKING

como montar uma boa rede de contatos

A moeda de um bom networking não é ganância, mas generosidade. – Keith Ferrazzi

O termo *networking* vem do inglês, e pode ser traduzido como "fazer contato". Na prática, significa estabelecer e cultivar contatos com pessoas e relacionamentos pessoais e profissionais.

O nome chique passou a ser aplicado em larga escala recentemente, mas a importância da estratégia remonta a milhares de anos. Desde sempre, estabelecer contatos, fazer amizades profissionais e usar essa rede de relacionamentos é uma estratégia frequente e eficiente para construir empresas, agregar parceiros, e montar negócios.

Atualmente, a relevância do *networking* continua tão ou mais intensa do que sempre foi. Ele é uma das principais ferramentas para encontrar bons candidatos, mudar de carreira, avançar profissionalmente, e receber convites para boas oportunidades. Em outras palavras, fazer um bom networking é fundamental para abrir portas na sua carreira.

A boa notícia é que você não precisa ser supercomunicativo ou alguém com centenas de amigos. É possível usar algumas dicas para montar uma estratégia vencedora e assim construir uma boa rede de contatos! Mas, antes de falar da receita para montar um networking eficiente, vamos fazer um diagnóstico do seu atual grupo de contatos profissionais.

ESTETOSCÓPIO PROFISSIONAL

AVALIANDO A QUALIDADE DO SEU NETWORKING

SEU NETWORKING É BOM SE...	SEU NETWORKING PRECISA MELHORAR SE...
- rapidamente você consegue pensar em pessoas com quem pode buscar informações, pedir ou oferecer ajuda;	- quando precisa de ajuda ou informações, ninguém que possa contribuir te vem à cabeça;
- quando você tenta contato com as pessoas que conhece, é atendido;	- à medida que tenta falar com as pessoas que conhece não tem retorno;
- conseguiu, nos últimos tempos, ajudar e ser ajudado por pessoas do seu relacionamento;	- não consegue ajudar quando alguém te pede informações ou auxílio para se recolocar no mercado;
- consegue ser introduzido a pessoas que ainda não conhece, mas que seus contatos conhecem;	- não recebe convites para eventos ou atividades relevantes para sua atividade profissional;
- recebe mensagens e ligações frequentes e é convidado para eventos e encontros;	- raramente recebe mensagens de seus contatos sobre novidades ou compartilhando informações;
- dentro da empresa, você tem seu trabalho reconhecido por colegas de outras áreas de negócio, mesmo que por ventura suas atividades não estejam relacionadas às deles necessariamente.	- é pouco acionado para participar de atividades ou projetos multidisciplinares dentro da empresa onde atua.

As pessoas mais bem conectadas que conhecemos são aquelas que também estão mais bem informadas. Ao conversar com elas, sabemos o que está acontecendo ou irá acontecer e isso é uma tremenda vantagem competitiva para qualquer negócio ou carreira.

Se o seu *networking* é bom, pode se esforçar ainda mais para deixá-lo ótimo! Por outro lado, se você concluiu pelas explicações acima que a sua rede de contatos precisa melhorar, é hora de focar nisso já! Seja qual for o seu diagnóstico, só tem a ganhar conhecendo os passos para montar um bom *networking*.

Quando se está empregado, o *networking* interno é de extrema relevância para o desenvolvimento profissional. Transitar entre áreas de negócio, criar laços e parcerias com profissionais de outras áreas da empresa, participar de comitês e projetos multidisciplinares são ações que favorecem seu domínio do negócio e lhe possibilitam ter uma visão mais holística da empresa.

Quando olhamos para fora, a importância do *networking* também tem aspectos muito positivos. É a chance de conhecer novos profissionais, adquirir aprendizados através dos contatos que fazemos e, principalmente, criar referências profissionais que poderão te ajudar em algum momento da sua carreira. Explorar o mercado, estar presente em eventos e encontros que se alinham com seus interesses profissionais são esforços que valem a pena em qualquer momento da sua carreira, acredite!

O mapa da mina

os 4 passos para montar um networking eficaz

Não perca a oportunidade de se apresentar ou ser apresentado a pessoas que considera importantes no seu campo de atuação. Não importa o cargo, seja sempre gentil e cordial.

Mostre-se interessado em conhecer a pessoa e faça perguntas sobre a sua carreira e seu trabalho. Responda às perguntas que te fizerem.

Depois de conhecer alguém, inclua-o na sua lista de contatos, fazendo anotações que te ajudem a lembrar dele. Logo depois de ser apresentado, adicione-o nas redes sociais profissionais da qual faz parte, de preferência com uma mensagem pessoal, ou mande um e-mail, dizendo que foi um prazer conhecê-lo e que espera que possam manter contato.

Estando empregado, faça com que as pessoas conheçam seu trabalho e suas habilidades. O reconhecimento interno começa a partir de uma boa ação de *networking*.

Todo mundo consegue identificar quando uma mensagem é enviada para muitas pessoas ao mesmo tempo – e raramente alguém gosta disso! Cuide para personalizar suas interações e seus contatos.

Se tiver dificuldades de lembrar nomes e fisionomias quando encontrar alguém conhecido, pode ser sincero: "Desculpe-me, mas não estou lembrado de você. Consegue me ajudar a lembrar de onde nos conhecemos?" Ou caso perceba que alguém não está se lembrando de você, ofereça um esclarecimento, "Me parece que você não se lembra de mim. Nós nos conhecemos no evento x e fomos apresentados por fulano" ou então, "Você está lembrado de mim? Sou o Pedro da empresa ABC".

Quando fizer uma ligação ou for enviar uma mensagem para uma pessoa que não conhece muito bem, apresente-se, lembrando a pessoa do seu nome, onde trabalha ou trabalhou e como e onde se conheceram.

#FICAADICA!

Ande sempre com cartões de visita atualizados na carteira. Um bom contato pode aparecer em qualquer lugar: uma volta no shopping, um evento corporativo, um **happy hour** no bar, um almoço no final de semana, assistindo a uma palestra. Você sempre pode aumentar sua rede de contatos. É importante também manter seu perfil nas redes sociais profissionais sempre atualizado.

Se você aprendeu a estratégia e está disposto a se dedicar arduamente para conquistar um bom networking, deve imaginar que o trabalho não para por aí. Para que o contrato frutifique, é preciso adubá-lo com frequência. Estreitar laços. Cultivar sua rede constantemente.

FOCO NISSO!

COMO CULTIVAR ATIVAMENTE SUA REDE DE CONTATOS

Monte um esquema para lembrar-se de se conectar de tempos em tempos com seus contatos mais importantes: mande uma breve mensagem, compartilhe algum artigo ou conteúdo interessantes. Demonstre interesse em saber as novidades de cada um.
Marque encontros pessoais com seus contatos mais importantes. O olho no olho faz toda a diferença.
Sempre que possível ajude as pessoas de seu networking. Esta generosidade não só faz o bem, mas contribui para sua imagem profissional. Quando você precisar de ajuda, será lembrado como alguém que ajudou.
Responda as mensagens e convites que receber. Mesmo que não possa ajudar ou comparecer, sempre dê um retorno, agradecendo pela lembrança.

Nada de mensagens genéricas enviadas de uma vez para toda a sua lista de contatos. Networking se faz de forma personalizada!

Sempre que souber de alguma conquista profissional de seus contatos, procure reconhecer e mandar parabéns ou votos de sucesso.

Circule na empresa onde trabalha. Seja atento ao trabalho dos outros, mostre o seu trabalho e assim poderá se envolver em projetos multidisciplinares e ampliar seus conhecimentos do negócio.

Construir e manter uma rede de contatos é um dos pontos mais importantes para uma carreira de sucesso. A chave é cultivar esta rede e, para isso, não adianta só acioná-la quando precisa de ajuda ou informações. Mantenha contato frequente, de forma personalizada e relevante. Compartilhe informações, e ajude sempre que puder.

CHECKLIST

LEMBRE-SE DOS PONTOS CRUCIAIS DESTE CAPÍTULO!

Sua rede de contatos é um dos principais ativos profissionais. Cuide dela com carinho e frequência.

Networking não é marketing pessoal. Nada de ficar se autopromovendo. Compartilhe somente conteúdo relevante.

Lembre-se de ajudar para ser ajudado e informar para ser informado.

Toda chance de aprendermos o novo é um ganho profissional. Os livros e a faculdade nos ensinam muitas coisas, mas nada equivale às riquezas das relações humanas, das trocas e das experiências compartilhadas. Networking é tudo isso.

8

MENTORING E COACHING

personal trainers para sua carreira

Não podeis ensinar coisa alguma a um homem; podeis apenas ajudá-lo a encontrar o que procura dentro de si mesmo. – Bertrand Russell

Tomar decisões sobre sua trajetória profissional nem sempre é fácil. Quando o assunto envolve seu cargo na empresa, um novo desafio, uma oportunidade, fica ainda mais complicado.

É possível contar com uma ajuda para ampliar a visão estratégica, desenvolver comportamentos importantes e tomar decisões relativas à sua trajetória no mercado de trabalho para diminuir a angústia nessa hora.

Algumas vezes a empresa abraça essa missão importante. Muitas companhias, focando no plano de carreira dos funcionários e no desenvolvimento profissional da sua equipe, implementam processos de *mentoring* e *coaching*.

Mas, ainda que você não conte com essa estrutura no seu trabalho, a iniciativa pode ser por conta própria. É comum, e em determinadas situações recomendável, contratar um "treinador" ou mentor independente, e recorrer a essa ajuda profissional para traçar as melhores estratégias para sua carreira. E é sobre isso que falaremos aqui.

Mentoring

HEIN??

O QUE É O MENTORING

A prática do mentoring consiste em proporcionar ao trabalhador o acompanhamento, a ajuda, a orientação de outro profissional, com maior senioridade e mais tempo de casa, para que possa funcionar como um conselheiro, um mentor, e estimule o desenvolvimento profissional e a ampliação da visão estratégica e de negócio.

O mentor pode ser definido pela empresa ou pelo "mentorado" (é como chamamos a pessoa que passa por um processo de *mentoring*). Independentemente de quem define, é fundamental que haja afinidade entre esta dupla de trabalho, afinal, somente baseado em uma relação de confiança é que o mentorado se sentirá à vontade para compartilhar suas angústias e dúvidas de forma transparente. É preciso que o mentor tenha interesse genuíno em ajudar o outro, pois somente assim conseguirá oferecer conselhos, ideias e direcionamentos que tenham o interesse do mentorado em primeiro lugar.

Muitas empresas oferecem um programa de mentoria, com diferentes regras de elegibilidade. Se esse não for o seu caso, nada te impede de encontrar alguém para desempenhar este papel. Pode ser um ex-chefe, amigo mais experiente, membro da família com mais vivência profissional que você. O pré-requisito mínimo do mentor é que ele seja mais experiente. Isso é importante, pois como o objetivo principal do *mentoring* é desenvolver visão estratégica, de negócio e apoiá-lo em decisões importantes de carreira, é fundamental que este profissional escolhido tenha mais "quilômetros rodados", já tenha vivido situações semelhantes às que você está vivendo e, principalmente, tenha uma visão mais estratégica sobre o trabalho. E tudo isso aprende-se com o tempo.

O mentor não precisa ser da mesma área ou segmento que você e principalmente não deve ter nada a ganhar ou a perder com as suas decisões – assim garante-se total isenção e confiança nesta relação.

Este processo pode durar algumas horas ou a vida inteira. Diferente do *coaching* (sobre o qual falaremos daqui a pouco), o *mentoring* não precisa de uma agenda regular e nem de prazo para terminar. Pode acontecer de forma pontual ou ao longo de toda a vida profissional, com um ou vários mentores diferentes.

TEMAS NORMALMENTE TRATADOS EM CONVERSAS DE *MENTORING*:

Devo ou não mudar de área, carreira ou empresa?

Quais cursos posso fazer para melhorar minha visão de negócio?

Devo fazer pós-graduação ou investir em aumentar a fluência do inglês?

Recebi uma proposta para participar de um projeto internacional. Devo aceitar?

Será que não estou há muito tempo sem uma promoção? Devo "brigar" por isso agora?

A empresa está crescendo através de aquisições de concorrentes. Não entendo por que isso está acontecendo. Como pode me afetar?

O mentor não necessariamente terá uma única resposta correta para estas questões, mas deve ser capaz de te ajudar a ampliar o horizonte, a refletir, a conhecer mais sobre determinados assuntos e a tomar uma decisão com melhor embasamento. Através da experiência dele, você, como mentorado, pode aprender muito.

Se quiser atuar como mentor, é importante lembrar que a mentoria é um processo em que os interesses do mentorado devem ter a maior relevância e estar em primeiro lugar. 75% da agenda devem ser sugeridos por ele. Os outros 25% podem ser propostos por você, de acordo com o que julga importante que ele desenvolva e aprenda.

Se você foi escolhido para ser mentor é porque já é admirado e inspira confiança. Use sua experiência para ilustrar alguns exemplos e compartilhar seus aprendizados, sempre tendo em mente que o objetivo é entender as questões do mentorado e ajudá-lo a refletir e tomar decisões. Se ao final de uma conversa só você compartilhou suas histórias, sinal amarelo!

Outro processo que pode ser usado para orientar profissionalmente e dar um empurrãozinho na carreira é o *coaching*.

Coaching

HEIN??

O QUE É O COACHING

Coaching, dentro do ambiente empresarial, pode ser definido com um diálogo cujos propósitos são o desenvolvimento de novas habilidades e comportamentos, possibilidades e ideias com o intuito de promover um aprendizado individual e consequente desenvolvimento organizacional.

Portanto, é uma técnica que auxilia no desenvolvimento e crescimento profissional.

Assim como na academia de ginástica você pode contar com um *personal trainer* para te ajudar nos exercícios e otimizar o potencial resultado, o *coach* (ou técnico, treinador, em bom português) faz uma espécie de raio-x do seu desempenho; um diagnóstico. Constata o que está dando certo e o que pode melhorar para que você consiga desenvolver algumas competências, principalmente comportamentais, que irão te ajudar a desempenhar melhor o seu papel e crescer na carreira.

O processo de *coaching* pode ainda ajudar a resolver conflitos e encontrar solução para dilemas profissionais que você possa estar enfrentando. Em suma, é a visão externa de um especialista em comportamento e carreira.

O *coach,* diferentemente do mentor, não precisa ser mais experiente do que o *coachee* (pessoa que passa pelo processo de *coaching*). Por outro lado, ele precisa ser treinado e certificado para conseguir exercer este papel. No Brasil, as principais instituições certificadoras são a Sociedade Brasileira de *Coaching,* que possui um centro de pesquisa e desenvolvimento e tem como intuito fundamentar a prática e trazer comprovações científicas da aplicação do processo de *coaching* no país; o Instituto Brasileiro de *Coaching,* que desenvolve e oferece cursos de *coaching* em todo o país e o ICI, que oferece no Brasil o Curso de Formação e Certificação Internacional em *Coaching* Integrado.

Se você for procurar e contratar um *coaching* externo, de fora da empresa, pergunte se ele tem alguma certificação. Peça também por referências, outros profissionais que ele já tenha atendido e faça contato com eles para entender se o processo foi produtivo.

Um processo padrão de *coaching* dura em torno de 10 sessões, podendo ser menos ou mais, dependendo da necessidade do *coachee.* É fundamental que tenha início, meio e fim e que os objetivos de cada encontro sejam bem definidos. Normalmente, no início do processo (primeira e segunda sessões) se definem os objetivos a serem atingidos ao final do processo.

TEMAS NORMALMENTE ABORDADOS NAS CONVERSAS DE *COACHING*:

Estou há mais de três anos sem uma promoção ou mudança na minha carreira.

Sempre recebo o mesmo feedback do meu chefe e não consigo melhorar.

Nunca me consideram para projetos mais complexos. Estou sempre fazendo as mesmas atividades.

Sinto que preciso me conhecer melhor. Não tenho clareza dos meus pontos fortes ou do que preciso desenvolver.

Estou atuando como líder de uma equipe, mas percebo que não estou conseguindo inspirá-las e poucos me respeitam ou me admiram.

Tenho muita dificuldade de participar de conversas e negociações difíceis com profissionais mais experientes do que eu.

Toda vez que preciso fazer uma apresentação em público, tenho muita dificuldade de organizar as ideias e de ser claro.

Em cada sessão, o *coach* fará muitas perguntas para ajudar o *coachee* a refletir, e também criará planos de trabalho para que ele desenvolva as competências necessárias. Estes planos podem envolver "tarefas para o dia a dia", em que se treinará e experimentará os novos comportamentos. Parte das sessões de *coaching* também pode incluir *role plays,* dramatizações em que experimentam e ensaiam conversas, apresentações e negociações – habilidades que o *coachee* precisa aprimorar.

É importante lembrar que *coaching* não faz milagres. Ou seja, depende muito mais do empenho e vontade do indivíduo de mudar e se desenvolver do que do "poder" do coach. Uma coisa é certa: o processo dá muito trabalho. Vai exigir que você saia da sua zona de conforto e se comprometa a fazer as coisas de uma forma diferente do que sempre fez, que experimente novos comportamentos, aprenda novos conteúdos. Para tirar o melhor do seu investimento (ou da empresa), só se comprometa com um trabalho de *coaching* se realmente estiver disposto e tiver tempo disponível para se envolver com o processo.

COACHING NÃO É:

- Terapia ou ajuda psicológica: estas tendem a fazer uso das experiências e dos sentimentos relacionados a eventos passados, para projetar ou melhorar o futuro.

- Treinamento técnico como aulas de inglês ou Excel.

- Recolocação Profissional: você não sairá com um novo emprego.

- Pós-Graduação - não há um diploma ou certificação em algum novo conhecimento no final.

O que você pode esperar de um processo de Coaching?

Autoconhecimento: entender melhor sobre o que te mobiliza, seus pontos fortes e o que precisa desenvolver.

Desenvolvimento de competências e comportamentos: liderança, trabalho em time e comunicação.

Aprendizado de habilidades como: comunicação, negociação e apresentação em público.

Planejamento de Carreira: o que quer como próximos passos de carreira, o que precisa fazer para atingi-los.

Apoio para tomada de decisões importantes de carreira.

Indicação de conteúdos relevantes para aprimorar sua carreira (livros, vídeos, artigos, experiências).

Existem muitos momentos propícios para a contratação de um coach. Este processo é especialmente recomendado quando alguém:

Acabou de ser promovido para um cargo de maior responsabilidade.

Acabou de ingressar numa empresa nova.

Quer mudar de carreira.

Não consegue ser promovido ou crescer por falta de algumas habilidades comportamentais.

Teve avaliações de performance que indicam uma necessidade clara de desenvolvimento (ex.: falta de habilidade para lidar com públicos mais seniores, baixa capacidade de trabalhar em equipe etc.).

Cada sessão de *Coaching* pode custar de R$ 400,00 a R$ 3.000,00, mas é possível encontrar profissionais que cobrem abaixo ou acima desta média. Nesse mercado, a experiência é medida em horas de atuação, como um piloto de avião que, quanto mais horas de voo tem, mais experiente e reconhecido é. A busca por um coach deve ser feita de forma cautelosa. Recomenda-se que se conheça mais de um profissional, para que você possa avaliar com quem terá mais identificação e afinidade. Ter um bom networking é importante na busca por este profissional, pois geralmente os coaches experientes são renomados e indicados no mercado. Caso você ainda não tenha tantas referências, busque suporte junto às instituições certificadoras.

Se você quiser atuar como *coach* (dentro da empresa ou de forma independente), a primeira coisa a fazer é buscar este tipo de formação. Algumas empresas oferecem, para seus gestores, cursos internos de Líder Coach, que é uma versão dos cursos disponíveis para o mercado, mas que tem como foco gestores e chefes de equipes que querem aprender habilidades de *coaching* para liderar melhor seus times. Os cursos abertos disponíveis no mercado são mais completos e oferecem uma certificação para aqueles que querem atuar como coaches profissionais. A Sociedade Brasileira de *Coaching* ou o Instituto Brasileiro de *Coaching* oferecem a lista de empresas e profissionais habilitados a certificar novos *coaches*.

O importante aqui é você ter certeza de que tem um interesse genuíno em ajudar os outros. Mesmo quando bem remunerado, o trabalho do *coach* envolve uma grande doação para o outro, cujo interesse vem sempre em primeiro lugar.

Já que falamos das características de cada tipo de orientação, vamos comparar, lado a lado, o *mentoring* e o *coaching*, e entender qual dessas alternativas é a mais adequada para o seu caso.

TIRA-TEIMA

SEMELHANÇAS E DIFERENÇAS NA ORIENTAÇÃO PROFISSIONAL

MENTORING	COACHING
- Desenvolve visão de negócio e estratégia.	- Desenvolve habilidade e comportamentos.
- Trata do desenvolvimento de carreira a longo prazo.	- Trata do desenvolvimento de carreira a curto e médio prazos.
- É realizado por alguém mais experiente.	- É realizado por alguém certificado em coaching que pode ou não ter mais experiência profissional.
- Não precisa acontecer em sessões regulares.	- Precisa de sessões regulares e agendadas.
- Pode durar algumas horas ou a vida inteira.	- É composto de 8 a 12 sessões e tem início, meio e fim.

#FICAADICA!

*Seja com o **coach** ou mentor, é fundamental que haja afinidade e confiança. Sem estes dois elementos, não é possível ser transparente e verdadeiro e, sem transparência, os assuntos realmente importantes não são tratados.*

Receber ajuda de um *coach* e/ou mentor é um dos maiores privilégios que um profissional pode ter. Todos os grandes líderes e empreendedores contaram com a ajuda deles para suas grandes realizações. Steve Jobs, um dos fundadores da gigante da informática Apple, por exemplo, teve como mentor Regis McKenna e, para ele, disse: *"É bem raro encontrar alguém que possa ensinar a você uma tonelada de coisas em uma área importante. Essa pessoa foi você em minha vida."*[7]

Se até Steve Jobs contou com um mentor, certamente você e todos nós podemos aprender muito através destas experiências.

CHECKLIST

LEMBRE-SE DOS PONTOS CRUCIAIS DESTE CAPÍTULO!

Coaching não vai conseguir para você um novo emprego de mão beijada, mas vai te ajudar a melhorar competências fundamentais para sua carreira.

Mentores não vão, necessariamente, desenvolver comportamentos e habilidades, mas vão te ajudar a pensar de forma mais estratégica e na sua carreira a longo prazo.

Coaching pode te ajudar muito no autoconhecimento, elemento fundamental em profissionais de sucesso.

Ao escolher um coach ou mentor, procure alguém em quem possa confiar.

9

A **EMPRESA** DOS **SONHOS**

Tudo o que um sonho precisa para ser realizado é alguém que acredite que ele possa ser realizado. – Roberto Shinyashiki

O que te prende ao seu trabalho atual?

Quais são os valores que diferenciam, para você, uma empresa boa de uma ruim?

O que uma companhia deve ter para que ela seja, na sua visão, a empresa dos sonhos?

Ser uma empresa admirada tem muitas vantagens. Isso é bom para os negócios, facilita a venda do seu produto ou serviço, possibilita o ajuste de preços levando em conta o renome e a qualidade, diferencia sua companhia das concorrentes. Mas, além do aspecto positivo na relação direta com os clientes, existe impacto enorme no quadro de funcionários.

Uma empresa que desperta tamanho desejo e admiração atrai um número gigantesco de candidatos para as vagas que abre. A seleção fica mais concorrida que muito vestibular. É um funil estreito, uma peneira apertada. E a qualidade da mão de obra vai lá para cima!

Nem sempre jovens universitários ou em começo de carreira nutrem idêntica admiração que profissionais mais experientes ou em cargos executivos. Embora alguns fatores que levam uma empresa para o olimpo do desejo sejam comuns, existem disparidades que merecem destaque.

A RECEITA da empresa dos sonhos dos JOVENS

O QUE ELA DEVE OFERECER

1º Desenvolvimento Profissional

2º Boa Imagem no Mercado

3º Possibilidade de Inovar

4º Desafios Constantes

5º Fazer o que gosta/Realização

A RECEITA da empresa dos sonhos dos EXECUTIVOS

O QUE ELA DEVE OFERECER

1º Crescimento Profissional

2º Desenvolvimento Profissional

3º Equilíbrio entre vida pessoal e profissional

4º Admiração pelo segmento/produtos e serviços da empresa

5º Possibilidade de Inovar

É interessante perceber que os motivos de escolha dos jovens e dos executivos são diferentes, apesar de muitas empresas almejadas serem as mesmas. Isso acontece porque o conjunto de valores que movem a carreira de um jovem não é o mesmo que move um profissional mais experiente.

Os jovens em início de carreira buscam, antes de tudo, aprendizado e desenvolvimento. Executivos também buscam desenvolvimento, mas, em primeiro lugar, elegem empresas pelas oportunidades de crescimento de carreira que elas oferecem. Outro ponto fundamental para os executivos é a admiração pelo segmento, produtos e serviços da empresa, pois, uma vez que trabalham bem perto da estratégia e das grandes decisões, essa afinidade com o negócio é fundamental.

E o pacote de remuneração? Onde entra nesta tomada de decisão?

Salários e benefícios ocupam o sétimo lugar nos motivos de escolhas dos jovens e oitavo lugar para os executivos. Isso significa que executivos são menos ambiciosos em termos monetários que os jovens? Que não buscam recompensa financeira pelo seu trabalho?

Claro que não, mas, talvez por já terem feito seu "pé de meia" ou por acreditarem que um bom salário não garante a felicidade e realização profissional, executivos priorizam o equilíbrio entre a vida pessoal e profissional. Entretanto, apesar de buscar este equilíbrio, 62% dos executivos pesquisados sentem-se insatisfeitos com a distribuição do seu tempo hoje.

Para os jovens e executivos, a possibilidade de inovar também é chave no momento de escolher a empresa dos seus sonhos. Todos têm o desejo de deixar a sua marca no mundo e entendem que a empresa que incentiva novas ideias é o lugar ideal para trilhar suas carreiras.

Na hora de nomear as empresas dos sonhos, seguem as que aparecem tanto no ranking dos jovens de 2014, quanto dos executivos:

Google, Petrobras, Vale, Nestlé, Apple e Odebrecht.

DE OLHO NO NÚMERO!

Nos últimos 13 anos que a DMRH/Cia de Talentos realizou a pesquisa Empresa dos Sonhos dos Jovens, Nestlé e Unilever foram as que mais estiveram no ranking das 10 mais sonhadas. A Petrobras foi a que mais venceu, ficando 7 vezes em primeiro lugar. Considerando os 7 países da América Latina em que a pesquisa é realizada, a única empresa presente em todos os rankings é a Google.

Um dado interessante sobre os jovens é como estes profissionais sabem que as empresas escolhidas oferecem os itens admirados. A maioria dos jovens conhece as empresas por se relacionar com alguém que trabalha ou já trabalhou na empresa. Já os executivos escolhem as empresas principalmente em função da qualidade de seus produtos e serviços, e porque conhecem alguém que trabalha ou trabalhou nestas organizações!

Ou seja, a boa notícia é que não é só investindo milhões em mídia que sua empresa se tornará conhecida e escolhida como um lugar em que as pessoas sonham trabalhar. Invista tempo e dinheiro em ter produtos e serviços admirados, ofereça desenvolvimento profissional e possibilidade de inovar que seus próprios funcionários e ex-funcionários se encarregarão (com orgulho) de fazer propaganda por você. Oferecer um pacote de remuneração e benefícios condizentes com o mercado, é claro, também é fundamental!

Entender a cartilha que leva uma empresa a ser desejada pelos jovens e também pelos executivos é importante não apenas para atrair novos profissionais, mas também para manter o atual quadro de funcionários satisfeito e exercer, portanto, uma eficaz retenção de talentos.

Apesar de pertencerem a diferentes gerações existem pontos comuns aos sonhos de jovens e executivos. Os mais importantes são que ambos querem um trabalho que proporcione aprendizado e desenvolvimento, trabalhar em uma empresa da qual possam se orgulhar de seus produtos e serviços. Construir isso é mais fácil do que se imagina. Basta uma pitada de sonho numa receita de realização.

CHECKLIST

LEMBRE-SE DOS PONTOS CRUCIAIS DESTE CAPÍTULO!

Jovens e executivos sonham com uma empresa que ofereça desenvolvimento profissional e tenha produtos e serviços admirados.

Os funcionários e ex-funcionários da empresa, quando realizados, são a sua melhor propaganda.

Inspire-se nas práticas e políticas de gestão de pessoas das empresas mais presentes no ranking de jovens e executivos.

10

ESTÁGIO E TRAINEE

os primeiros passos

O que temos que aprender a fazer, aprendemos fazendo. – Aristóteles

Uma das melhores e mais frequentes formas de dar o primeiro passo e entrar no mercado profissional é por meio do estágio. O estágio é normalmente a primeira oportunidade de um estudante colocar em prática o que aprendeu em sala de aula. Conhecer de fato se a teoria funciona e como ela é aplicada na vida real.

Estágio

Todas as grandes companhias têm programas ou vagas desse tipo e dedicam tempo, dinheiro e energia para oferecer boas oportunidades. Sabem que esta é uma importante porta de entrada para futuros profissionais da empresa.

Para quem busca um primeiro emprego de verdade, esta também é uma alternativa de ouro. Muitos estagiários se formam e acabam sendo efetivados pela companhia.

Mas o que o candidato pode esperar de um programa de estágio? E o que a empresa espera do candidato? Quais são as características que aumentam suas probabilidades de contratação? Que tipos de benefícios esses programas oferecem?

Vamos conhecer melhor o programa de estágio e responder a essas perguntas ao longo do capítulo.

CONHECENDO O TERRENO

COMO FUNCIONA UM PROGRAMA DE ESTÁGIO

O objetivo: oferecer oportunidades de aprendizado em troca de horas de trabalho para ajudar a entregar os resultados da empresa;

Duração do programa: em média de 1 a 2 anos;

Quem pode se candidatar: alunos matriculados em cursos técnicos ou de graduação com horas disponíveis para estagiar;

Formação acadêmica exigida: normalmente alunos do penúltimo e último ano. Deve existir uma correlação direta entre o curso e a área de atuação do estágio;

Frequência do processo seletivo: existem empresas que contratam uma ou duas vezes por ano. Outras o ano todo, em forma de vagas pontuais, conforme surgem as demandas das áreas;

Remuneração e benefícios oferecidos: a prática varia muito de empresa para empresa, mas a média nacional de bolsa auxílio está em torno de R$ 800,00, podendo chegar a R$ 2.000,00. Já o pacote de benefícios varia de acordo com o porte da empresa;

Para quem vale a pena: alunos que querem ganhar experiência profissional antes de se formarem e aqueles que ainda não sabem em que área querem trabalhar. O estágio pode servir como um laboratório da vida profissional;

Para quem NÃO vale a pena: o estágio em empresa é menos indicado para aqueles que querem carreira acadêmica.

É fundamental entender que o perfil mínimo de qualquer estagiário é ter muita vontade de aprender. Para isso, o estágio pode proporcionar treinamentos, cursos e interação com profissionais mais experientes. Mas o que realmente faz a diferença é a mão na massa, as atividades práticas realizadas no dia a dia. São elas que começarão a formar a experiência e a bagagem profissional deste jovem.

Se você estiver pensando em buscar um estágio, tenha em mente que fará muitas atividades que parecem pouco interessantes, podem ser até repetitivas ou operacionais demais. O importante é que estas atividades estejam relacionadas ao seu curso e que te proporcionem aprendizados que você não tem em sala de aula. Não espere entrar no topo ou tomar as decisões mais estratégicas. Se tudo der certo, isso vai acontecer lá na frente. Por hora, concentre-se em aprender o máximo que puder, não só adquirir conhecimentos, mas também exercitar os comportamentos exigidos pelo mercado de trabalho, como disciplina, resiliência e foco em resultados.

O estágio pode ser ainda uma ótima oportunidade para experimentar e tirar dúvidas sobre as diferentes áreas de atuação que o jovem pode escolher. Se você é um estudante de administração de empresas, por exemplo, e tem dúvidas se quer atuar em Finanças ou Marketing, o estágio pode ser um laboratório para conhecer as duas área e ajudar a bater o martelo. Se estuda Engenharia, e ainda não decidiu se quer mesmo atuar como engenheiro ou em bancos de investimento, o estágio também é um instrumento valioso.

O QUE O ESTAGIÁRIO PODE ESPERAR DO PROGRAMA:

Aprender sobre como funciona a empresa e a área;

Experimentar diferentes áreas de atuação;

Desenvolver e exercitar comportamentos importantes para o mercado de trabalho;

Conhecer e aprender com profissionais mais experientes, sejam chefes, mentores ou outros membros da equipe de que fará parte;

Entregar resultados com disciplina e foco, mesmo quando as atividades pareçam chatas.

O QUE A EMPRESA ESPERA DO ESTAGIÁRIO:

Disponibilidade para aprender;

Realização de tarefas simples que ganhem complexidade ao longo de tempo;

Responsabilidade e comprometimento (não faltar no estágio para ir ao churrasco da turma);

Trazer informações e teorias atualizadas sobre o que está estudando;

Propor novos jeitos de fazer as atividades, possivelmente usando tecnologia, metodologia e ferramentas atuais.

É óbvio que como estagiário você vai aprender mais do que ensinar. Mas isso não significa que você não possa fazer sua contribuição para a empresa. Sempre que identificar uma oportunidade de melhoria, não deixe de apresentá-la ao seu chefe. Essas propostas de mudança devem ser feitas com alguns cuidados.

Primeiro tenha certeza de que sua ideia é viável e possível de ser aplicada. Se exigir algum investimento por parte da companhia, levante os custos, recursos e tempo necessário para implementação. Quando for "vender" a ideia ao seu chefe, seja respeitoso com a forma com que as coisas são feitas hoje. Nada de dizer "Nossa, arrumei um jeito muito melhor de fazer este relatório, porque, convenhamos, o jeito que vocês fazem é muito ruim!". Procure valorizar o método daquela organização e proponha a sua sugestão como uma melhoria: "Os dados deste relatório são muito bons e acho que devemos pensar em melhorar a forma como ele é feito. Pesquisei sobre outra ferramenta que pode nos ajudar a produzir os dados ainda mais rapidamente, deixando mais tempo livre para a equipe analisá-los. Você tem um tempo para eu te contar?"

Contribuir com ideias que ajudem a empresa e o seu time certamente é positivo para sua imagem, experiência profissional e pode fazer a diferença na decisão de te efetivar!

#FICAADICA!

Respeite o time do qual você fará parte. Procure demonstrar abertura e interesse para aprender com os profissionais mais experientes. Mostre-se disponível para fazer suas atividades, entregando sempre o melhor trabalho possível, mesmo quando a tarefa parece simples e chata.

Na hora de se candidatar para um programa de estágio, muitos jovens ficam aflitos com o fato de não terem experiência profissional. Mas calma! Esse não é um critério de exclusão neste tipo de seleção.

O recrutador já sabe que os candidatos, possivelmente, vão iniciar a vida profissional por meio do programa. Portanto a breve ou nula experiência de trabalho anterior não vão tirar você da disputa.

Mas o que então pode contar pontos para o candidato que quer entrar nesses programas?

FOCO NISSO!

O QUE AS EMPRESAS PROCURAM NOS CANDIDATOS A ESTAGIÁRIO

Alunos com bom desempenho acadêmico;

Participação em atividades extra-curriculares: atlética da universidade, centro acadêmico, competições acadêmicas, monitorias;

Experiência de vida: viagens, trabalho voluntário, esportes, organização de eventos.

Todas estas experiências, apesar de não serem profissionais de fato, certamente contribuíram para que o candidato a estagiário tenha desenvolvido comportamentos importantes para o mercado de trabalho. É impossível praticar um esporte sem disciplina, participar de uma competição acadêmica sem ter um foco em resultados, ou ter feito trabalho voluntário sem desenvolver empatia e relacionamento com pessoas diferentes. Suas experiências de vida podem não ser relacionadas a sua área de atuação, mas, se fizer uma reflexão, perceberá que aprendeu coisas valiosas, e que esses aprendizados serão aproveitados no mundo profissional.

No começo deste livro mostramos as diversas etapas dos processos seletivos nas principais empresas que atuam no país. Todo aquele mapa da mina vale também quando o tesouro em questão é a contratação para o programa de estágio. Mas neste caso existem algumas especificidades que merecem sua atenção.

Muitos processos seletivos de estágio propõem uma atividade em grupo. Isso joga a seu favor, pois você tem a possibilidade de mostrar na prática os comportamentos e características que desenvolveu em sua experiência de vida até aqui. Para quem não tem muita experiência profissional, a atividade em grupo ajuda a evidenciar suas características.

Quando for participar de uma entrevista, o recrutador já sabe que você pode não ter experiência profissional e te fará perguntas condizentes com as suas vivências pessoais e formação acadêmica. Não tenha vergonha de contar sobre aquele campeonato de futebol do qual participou, ou da viagem que organizou com suas amigas. O avaliador pode aproveitar estes exemplos para extrair evidências de que você tem o perfil buscado.

Quando o programa acaba, o que acontece com o estagiário?

Bem, só há duas alternativas: ou ele é dispensado, ou contratado, passando a integrar o quadro fixo de funcionários da companhia. Para maximizar suas chances de ter ser contratado, torne-se indispensável para a sua equipe! Disponibilidade para trabalhar e entrega de resultados além do esperado podem ajudar muito. Procure se informar com o RH ou seu chefe sobre quais são as chances de efetivação e o que você pode fazer para contribuir com esta chance.

No caso da efetivação, existem algumas possibilidades: tornar-se um efetivo na equipe da qual faz parte, em outra equipe/área da empresa, ou ainda ser indicado ou contratado para uma vaga de trainee (ainda neste capítulo falaremos sobre essa opção). Caso você seja efetivado, o que era um contrato temporário de estágio assume o caráter de uma relação estável e possivelmente de longo prazo. Com isso o profissional passa a fazer parte das mesmas regras, dos direitos e deveres que regem todos os demais funcionários da empresa.

Não subestime esta transição. Converse com outros profissionais que também foram estagiários efetivados e busque aprender sobre o que faz diferença nesta hora. Colocamos aqui uma tabela das principais mudanças de estágio para efetivado:

ESTÁGIO	EFETIVADO (ANALISTA OU TRAINEE)
- Até 30 horas de trabalho semanais. - Principal responsabilidade é aprender e realizar tarefas de baixa a média complexidade. - Supervisão direta do chefe ou mentor. - Bolsa auxílio, calculada normalmente por hora trabalhada. O valor também sofre variação conforme o ano que está cursando. - Férias remuneradas de 30 dias (ou proporcional), porém não há que se falar em pagamento do 1/3 constitucional. Somente no valor da bolsa auxílio pago pela empresa. - Não tem direito a 13º salário, aviso prévio, verbas rescisórias, FGTS, entre outros direitos trabalhistas normalmente assegurados aos celetistas.	- Oficialmente 40 a 44 horas de trabalho semanais, mas pode variar dependendo do cargo e modelo de contratação. - Responsabilidade integral por tarefas e atividades cada vez mais complexas. - Supervisão pode ser mais distante. - Recebe salário mensal, além de possivelmente ter uma remuneração variável e pacote de benefícios (de acordo com a política de cada empresa). - No período de férias, deve ser feito o pagamento do adicional de 1/3 do salário mensal. - Descontos salariais obrigatórios.

Com relação ao salário, a negociação também muda. O estagiário normalmente ganha por hora de trabalho para acomodar as diferentes disponibilidades. O efetivo recebe um salário mensal e, normalmente, passa a ser regido pela CLT (Consolidação das Leis do Trabalho). Na prática isso significa que ele tem novos direitos, mas também passa a contribuir compulsoriamente com o pagamento de novos impostos descontados na folha de pagamento. Neste caso, o salário líquido será menor que o bruto, enquanto o estagiário não tem descontos de impostos em folha.

#FICAADICA!

Mudar de estagiário para efetivo não é só uma simples questão burocrática. As expectativas, os direitos e deveres também aumentam. Informe-se sobre seus direitos e deveres e converse com outros ex-estagiários efetivados para aprender o caminho das pedras.

TRAINEE
com o pé direito

"Ninguém pode chegar ao topo armado apenas de talento Deus dá o talento; o trabalho transforma o talento em gênio." – Ana Pavlova

Se o estágio é um ótimo primeiro passo para entrar na corrida do mercado de trabalho, o programa de trainee é o equivalente a competir pilotando uma Ferrari.

Todas as mais importantes multinacionais tratam esse seleto grupo de funcionários como um time de alto potencial. Eles são selecionados entre milhares de interessados e, por isso mesmo, expostos a projetos desafiadores, treinamentos intensivos e acesso à liderança da empresa. Normalmente ingressam com salários mais altos que a média para iniciantes e, em muitos casos, têm a possibilidade de conhecer e transitar por diversas áreas da companhia.

Mas o grande atrativo desses programas reside na expectativa para o futuro.

São inúmeros os gestores, diretores e presidentes de empresa que ingressaram nas companhias justamente como trainees. Eles são vistos como profissionais altamente qualificados, com boa capacidade de liderança e potencial para tocar a organização no futuro.

Apesar de todo este glamour associado aos programas de trainee, é importante lembrar que, ao acelerar a carreira a fim de alçá-los mais rapidamente a posições de liderança, este cargo vem com grandes expectativas e responsabilidades.

CONHECENDO O TERRENO

COMO FUNCIONA UM PROGRAMA DE TRAINEE

O objetivo: Selecionar jovens talentos que possam se desenvolver na companhia e ocupar cargos de liderança mais rapidamente que profissionais ingressando por outras portas;

Duração do programa: De seis meses a três anos;

Quem pode se candidatar: Em sua maioria recém-formados ou com até 2 anos de conclusão do curso universitário ou pós-graduação;

Formação acadêmica exigida: No mínimo graduação completa ou em vias de conclusão;

Frequência do processo seletivo: Existem empresas que contratam anualmente ou a cada dois anos. Outras contratam o ano todo, em forma de vagas pontuais;

Remuneração e Benefícios: O salário varia, geralmente, na faixa de R$4.500,00 a R$5.500,00 e os principais benefícios oferecidos pela empresa são: Assistência Médica e Odontológica, Vale Refeição, Estacionamento e PLR (Participação nos Lucros e Resultados). Como benefícios diferenciados, destacam-se: desconto na compra de produtos e/ou serviços da empresa, bolsa de estudo para cursos de língua ou Pós-Graduação e academia de ginástica;

Por que é interessante: Proporciona uma carga intensiva de aprendizados em forma de treinamentos, projetos e rotação entre áreas diferentes, além de acesso direto a líderes e mentores;

Para quem vale a pena: Para aqueles que desejam ocupar posições de liderança nas empresas e gostam de desafios complexos;

Para quem NÃO vale a pena: para aqueles que têm interesse em desenvolver uma carreira mais técnica ou gostam de avançar com mais calma, menos pressão e menor exposição.

Justamente para que possa se aprofundar no conhecimento da companhia e um dia assumir um cargo de gestão ou liderança, os programas em geral são caracterizados pela rotatividade dos trainees em diversas áreas da empresa, ainda que estas não estejam diretamente relacionadas ao departamento em que ele será alocado ao término do programa (chamamos de área final).

Muitos programas definem a área final do trainee logo no momento em que a seleção está se encerrando. Outras deixam esta definição em aberto até o final do programa de desenvolvimento. Em ambos os casos, a oportunidade de conhecer e trabalhar em diversas partes da empresa, o chamado *Job Rotation*, é uma chance única que muitos profissionais gostariam de ter, pois não só é possível conhecer outras atividades, mas ganhar uma visão mais completa sobre toda a cadeia daquele negócio. Este conhecimento e visão do todo são fundamentais em cargos de liderança.

NO RUMO CERTO!

AS VANTAGENS DO PROGRAMA DE TRAINEE:

Envolvimento em projetos desafiadores

Exposição e contato com os líderes das empresas

Participação em treinamentos e cursos

Acesso a ***coaches*** e mentores

Possível carreira ou participação em projetos internacionais

Vale reforçar que, apesar de todas estas vantagens, ser trainee é um escolha. Este caminho de carreira vai exigir que você, jovem profissional, esteja sempre fora de sua zona de conforto e aprenda rápido em ambientes de alta exposição. Se você prefere fazer as coisas no seu ritmo e trabalhar com menos pressão, talvez o programa de trainee não seja a melhor porta de entrada para você.

#FICAADICA!

É bom manter o passaporte em dia e a mala a postos. Alguns programas de trainee pedem disponibilidade para viagens nacionais e até internacionais. A chamada mobilidade ou disponibilidade para mudança, e residência em outras cidades, estados e até países é um pré-requisito de quase todos os programas.

Alguns candidatos podem sair na frente na hora da seleção. O perfil comportamental demandado para uma vaga de trainee é normalmente bem exigente. Algumas empresas pedem cursos e são bem restritas quanto às instituições das quais querem contratar.

FOCO NISSO!

OS PRÉ-REQUISITOS MAIS COMUNS PARA QUEM BUSCA UMA VAGA DE TRAINEE

Curso superior completo ou em conclusão

Capacidade de trabalhar em equipes, liderança e foco em resultados

Lidar bem com pressão

Capacidade analítica e de resolução de problemas

Comunicação clara e objetiva

Mobilidade geográfica

Como os jovens profissionais que se candidatam às vagas de trainee têm por definição pouca ou nenhuma experiência profissional, os pré-requisitos mais importantes são comportamentais, o chamado "perfil". Citamos acima os comportamentos mais buscados em programas de trainee. Além da questão comportamental, a aderência à cultura da empresa e o interesse pelo negócio em que ela atua fazem toda a diferença na hora da seleção.

Como muitas das empresas com os melhores programas de trainee são multinacionais, a questão do idioma geralmente é um dos pré-requisitos mais elementares. Não ter um idioma além do português pode ser um ponto de eliminação sumária. Ter apenas o inglês é o mínimo necessário, mas para muitas companhias há ainda a exigência de uma segunda língua estrangeira.

O QUE O TRAINEE PODE ESPERAR DO PROGRAMA:

Alta exposição e aprendizado;

Desafios constantes;

Muitas informações e conhecimentos novos;

Possibilidade de conhecer e se relacionar com diferentes profissionais da empresa.

Um cuidado importante está relacionado ao que acontece depois do programa. Apesar de a maioria dos programas de trainee ter o objetivo de formar futuros líderes para as empresas, essa promoção para um cargo de liderança muitas vezes não acontece imediatamente após o término do programa.

Ocupar uma posição de liderança envolve uma missão muito complexa, que não tem só a ver com inteligência, potencial ou entrega de resultados. Liderar uma equipe ou um projeto pede habilidade para lidar com pessoas e gerenciá-las, além de profundo conhecimento do negócio. Estas habilidades e competências não se desenvolvem da noite para o dia. A questão aqui é ter paciência, não só no final, mas durante o programa. Esta paciência, muitas vezes chamada de humildade, é fundamental para que o trainee possa ser aceito pelo time e pelos gestores da empresa e possa aos poucos construir seu caminho de sucesso dentro da organização.

O QUE A EMPRESA ESPERA DO TRAINEE:

Disponibilidade e interesse em aprender;

Humildade para entender como as coisas funcionam e respeitar o tempo de crescimento de carreira;

Respeito pelos profissionais que já trabalham na empresa;

Habilidade de comunicação;

Foco em resolução de problemas complexos e entrega de resultados;

Criatividade para propor novas soluções e desafiar o status-quo.

Ao falarmos sobre estágio, comentamos um pouco sobre a importância de ter cuidado na hora de propor novas ideias e soluções. É esperado que o trainee faça isso, mas é fundamental que se faça com muita habilidade para que seja visto como uma proposta de melhoria e mudança sem apedrejar o que a empresa e a equipe já realizaram ou a forma como atuam.

Por serem vistos como motoristas de uma via rápida para crescimento hierárquico na companhia, dotados da devida chancela de qualidade, os trainees passam pelas peneiras mais estreitas entre os processos seletivos aplicados pelas companhias. A disputa chega a ser muito mais concorrida que um vestibular para medicina. E o processo seletivo pode durar quatro meses ou mais.

DE OLHO NO NÚMERO!

Nos programas mais concorridos, o número de candidatos em uma empresa de ponta chega a ser de 2000 para cada vaguinha!

#FICAADICA!

Pesquise bastante sobre a empresa e o programa antes de se inscrever. Processos seletivos para trainee demandam dedicação e tempo. É melhor participar de poucos com muito foco e empenho do que de muitos com baixo desempenho.

Por muito tempo, todos os processos seletivos para trainees aconteciam no segundo semestre do ano. Atualmente este cenário mudou e, como muitas empresas oferecem esta porta de entrada, há seleções abertas o ano todo. Se tiver alguma empresa na qual você tenha o sonho de trabalhar, pesquise e fique de olho para não perder o prazo de inscrição.

Na hora de escolher em quais programas deve se inscrever, vale investir um tempo na pesquisa. Use e abuse da internet para conhecer sobre as empresas, suas culturas e negócios. Escolha aquelas com que mais se identifica. E, se conhecer alguém que já atua naquela companhia, aproveite para aprofundar seus conhecimentos.

Escolha não só pelo salário ou marca da empresa. Procure conversar com pessoas que trabalham nas áreas de seu interesse. O principal ponto que garante a perenidade de uma relação entre empresa e funcionário é o alinhamento da cultura e de valores e o interesse pelo negócio da companhia. Este alinhamento cultural é fundamental, pois determina o clima do ambiente de trabalho e atrai pessoas que tendem a se dar bem no dia a dia.

Depois de ler tudo isso, você pode ficar com a impressão de que o trainee é a única forma promissora de entrar em uma empresa. Muito embora seja um belíssimo primeiro passo, essa não é uma rota exclusiva. Muitos dos diretores e presidentes nunca foram trainees. Portanto, embora o carimbo de trainee do currículo tenha muito valor e facilite a trajetória, a sua ausência não inviabiliza o crescimento profissional. E, mais que isso, há vantagens em se começar como trainee, mas também aspectos positivos para aqueles que – por escolha ou não – ingressam na empresa como analista.

NA BALANÇA	
AS VANTAGENS DE COMEÇAR COMO TRAINEE	AS VANTAGENS DE COMEÇAR COMO ANALISTA
- Maiores chances de realizar "Job Rotation"; - Treinamentos e formações especialmente desenvolvidos para o programa; - Exposição à alta liderança da empresa; - Projetos de curto prazo; - Possibilidade mais concreta de trilhar uma carreira gerencial.	- Atuação mais direcionada para uma área fim, permitindo que você desenvolva habilidades técnicas e comportamentais voltadas a sua real área de interesse; - Maior possibilidade de participar de projetos de longo prazo na empresa; - Possibilidade mais concreta de trilhar uma carreira técnica ou de especialista.

A grande diferença entre começar como trainee ou começar como analista é o nível de exposição e pressão. O trainee, por participar de um processo seletivo mais extenso e rigoroso e receber um investimento em treinamento e desenvolvimento maior depois de contratado, é exposto a projetos e atividades mais complexas e que o colocam na mira da liderança da empresa.

Isso é ótimo, pois aumenta as possibilidades de promoção e crescimento. Por outro lado também aumenta a pressão por resultados. Espera-se que o trainee dê retornos excepcionais rapidamente. Já o analista pode estar em menor evidência e, por isso, demorar mais para ser promovido, ter mais tempo para aprender, aperfeiçoar-se antes de entregar resultados acima da média.

Outra questão importante é que, como a maioria dos programas de trainee visam a formar líderes, é esperado que esses profissionais, na maioria dos casos, venham a assumir uma posição gerencial em algum momento após o programa. Já no caso do analista, há sempre a opção de trilhar uma carreira gerencial ou técnica.

Para quem prefere trabalhar com mais profundidade numa determinada área de atuação, ganhando especialização e *expertise*, a porta de entrada como analista ou jovem profissional pode ser uma opção muito mais interessante que o programa de trainee.

Como estagiário e/ou trainee, iniciar uma trajetória profissional é sempre um momento recheado de dúvidas e angústias. As dicas aqui podem ajudar, mas, para ganhar mais profundidade em suas reflexões e segurança neste começo, nada melhor que encontrar um mentor, alguém mais experiente em quem você confie e respeite e que possa te ajudar a tomar as melhores decisões neste início tão assustador. Pode ser um professor, membro da família ou profissional do mercado – como explicamos no capítulo sobre *Coaching* e *Mentoring*.

CHECKLIST

LEMBRE-SE DOS PONTOS CRUCIAIS DESTE CAPÍTULO!

Defina áreas e segmentos que tem interesse em conhecer. Faça uma lista de empresas que se encaixam neste perfil antes de sair se inscrevendo em todas as vagas.

Use o estágio como um laboratório para testar seu interesse e afinidade com diferentes áreas e negócios. Mas não vale pular de empresa em empresa. Tente cumprir ciclos mínimos de 1 ano em cada uma.

Durante o estágio esteja disponível para aprender e executar as tarefas com excelência, mesmo que pareçam chatas ou simples.

Se puder, contribua para a empresa. Ofereça sugestões de melhorias de forma respeitosa. Isso pode ajudar na sua efetivação.

11

CHEFIAR, GERIR, LIDERAR

Um líder não existe sem conseguir desenvolver as melhores pessoas sob ele. – Ram Charan

Você já teve vontade de ser chefe?

Quantas vezes já pensou que poderia estar em um cargo de comando?

O que faria se estivesse ocupando a cadeira do seu gestor ou diretor do departamento?

Chegar nestes degraus hierárquicos não é fácil. Manter-se lá é ainda mais difícil. Mas a chave do sucesso reside na diferença das categorias que dão nome a este capítulo.

Chefes são muitos. Gestores, alguns. Líderes, poucos. E são justamente esses poucos que fazem toda a diferença, inspiram a equipe, criam sinergia e servem de exemplo a ser seguido.

Mas quais as características de um bom líder? E como se tornar um deles?

Pingos nos "is"

Chefes, gestores e líderes são termos empregados comumente como sinônimos. Mas possuem características bem diferentes.

Chefe é como normalmente chamamos aquele que é responsável por uma equipe e seus resultados. Algumas vezes pode ter uma conotação até negativa, no caso daqueles que utilizam a hierarquia para conseguir com que as pessoas façam as suas atividades sem necessariamente entender o contexto maior no qual estão inseridas, na linha do "chefe é quem manda e ponto".

Gestor é aquele que utiliza a equipe como um recurso para a entrega dos seus resultados. Comunica os objetivos, reparte as tarefas, delega adequadamente e cobra o bom desempenho.

Líder é aquele que vê a equipe como potencial a ser colocado a serviço dos objetivos da organização. E, para tanto, consegue inspirar cada pessoa a dar o melhor de si, a usar suas fortalezas, a descobrir suas necessidades de desenvolvimento, e incentivá-las a se desenvolver. Também é capaz de promover um ambiente de colaboração entre todos de modo que haja complementaridade na equipe para que, juntos, atinjam os melhores resultados.

Qual você quer ser?

Enquanto gerenciar está associado a planejar, organizar, coordenar e controlar, o papel da liderança é caracterizado por estabelecer e comunicar visões e metas, conduzir e inspirar, facilitar, envolver e fortalecer.

Há diversos autores nacionais e internacionais sobre o tema, e muitos deles discutem se a liderança é algo inato ou algo que se pode aprender. Entretanto, a linha adotada por pessoas que acreditam em desenvolvimento é de que ambas as respostas são verdadeiras. Caso a liderança seja inata, a pessoa terá muito mais facilidade em desenvolvê-la e alcançar a excelência. Caso contrário, pode levar um pouco mais de tempo, mas, se houver uma abertura para aprender, se envolver, observar aqueles que são líderes e colocar estes aprendizados em prática, todos serão capazes de desenvolver características de liderança.

O bom líder, para começar, tem um **bom autoconhecimento**. Imagine alguém que não se conhece o suficiente, ajudando outra pessoa a se desenvolver? Portanto, conhecer suas fortalezas, suas limitações, seu modo de agir perante os problemas, suas facilidades e dificuldades diante de uma ou outra situação, vai ajudar você a ser uma pessoa mais equilibrada e capaz de dar o suporte necessário para que o "outro" se desenvolva.

O segundo ponto muito importante para o bom líder é o de que ele seja uma pessoa ética. E ética aqui não é no sentido de não matar, não roubar. Toma-se como princípio que estas pessoas que matam ou roubam não estão dentro das organizações. Ética é no sentido daquele que realmente faz o que fala, promete e cumpre, é exemplo para seus liderados em diversos comportamentos e em todos os lugares. Já imaginou encontrar seu líder envolvido num acidente de carro onde ele foi o causador e estava totalmente embriagado? Portanto, ser líder é ser exemplo. Em qualquer condição!

De acordo com a filósofa e professora Terezinha Rios, ser ético significa focalizar o bem comum. "Quero, posso, devo" são questões que um líder precisa responder diante dos momentos em que é colocado à prova. Além disso, ter consciência sobre nossos pré-conceitos a respeito de pessoas e situações, entender que o nosso ponto de vista é apenas uma forma – dentre outras – de analisar, que cada pessoa traz um "mundo" a ser compartilhado e que diferenças podem enriquecer a convivência são aspectos poucas vezes associados à ética, mas nos remetem à busca por entendimento e respeito nas relações que amplia e aprofunda o sentido da ética e é imprescindível para a construção de relações sustentáveis e dinâmicas.

O terceiro ponto trata da **habilidade de comunicação**. Saber se comunicar adequadamente, para diferentes públicos, de diferentes níveis, de maneira que a mensagem seja entendida corretamente é uma habilidade complexa e que demanda desenvolvimento. O bom líder consegue usar a sua comunicação para influenciar ou inspirar com suas ideias, fazer com que os objetivos da organização sejam conhecidos e assimilados por todos, que as pessoas se sintam devidamente engajadas naquilo que precisam fazer. Além disso, a habilidade não é restrita à comunicação para grandes públicos. Ela também é importante na comunicação um a um e isso muda de acordo com a pessoa ou equipe. Ou seja, direcionar, perguntar, saber ouvir, dar e receber *feedbacks* também são elementos de uma comunicação fluida e importante para um bom líder.

Atualmente, algumas empresas apostam em programas específicos para desenvolver habilidades de liderança em seus funcionários. É uma estratégia para encontrar novos gerentes e até, quem sabe, o futuro presidente da empresa.

Para qualquer funcionário que ocupa uma posição de liderança algumas características são fundamentais e não podem faltar no dia a dia do trabalho com a equipe. Falamos de algumas. Vamos ver a lista das mais importantes.

NO RUMO CERTO!

AS 20 CARACTERÍSTICAS DE UM LÍDER

O BOM LÍDER É AQUELE QUE...

Influencia e gerencia pessoas (não só resultados)

Tem capacidade de delegar

Sabe a diferença entre ser próximo e ser amigo

Premia com base na meritocracia

É uma referência a ser seguida

É um desenvolvedor e inspirador de pessoas

Em vez de dar respostas prontas, ensina a encontrar soluções

Incentiva a equipe a entregar resultados

É um bom comunicador e bom ouvinte dos seus liderados

Cria relação de confiança com as pessoas

Reconhece a contribuição individual na conquista de projetos coletivos

Mostra coerência entre discurso e prática

Tem visão de futuro: possibilidades e tendências

Tem olhar empreendedor e capacidade de inovar

Tem clareza do que quer e de como chegar lá

Defende e pratica os valores da empresa

Compartilha conhecimento

É ético - faz o que fala e fala o que faz

Tem paixão pelo que faz

Tem um alto grau de autoconhecimento

A maior parte dos itens acima pode ser aprendida através dos programas de desenvolvimento de liderança oferecidos tanto no mercado quanto dentro das próprias empresas. Entretanto, algumas das características necessitam de "algo a mais", tais como "desenvolver e inspirar", "criar relações de confiança", "ser ético" e "ter paixão pelo que se faz".

Por exemplo, para desenvolver e inspirar as pessoas, você precisará que a outra parte esteja aberta a ser desenvolvida e inspirada. E, para tanto, conhecer seus liderados, na sua essência, vai lhe dar a possibilidade de entender o que mobiliza cada um. Ao conhecer a individualidade dos integrantes da equipe, você pode assumir esse papel de líder e inspirar pessoas com mais eficiência.

"Criar relação de confiança com as pessoas" é outro processo em que você depende do seu interlocutor. Uma das regras mais importantes nessa hora, segundo o autor Patrick Lencioni em seu livro "Os Cinco Desafios de uma Equipe", passa por estar disposto a abrir para o outro quais são as suas vulnerabilidades e também incentivá-lo a abrir as vulnerabilidades dele para você. Uma vez expostas, um poderá oferecer ajuda ao outro naquilo que cada um é mais competente para fazê-lo. Mas, afinal, ninguém gosta muito de expor suas fraquezas. Gostamos de nos mostrar competentes para tudo e, assim, a gente se coloca quase sempre num papel muito superior ao do outro, o que pode ser uma pedra no sapato no caminho da construção dessa relação de confiança.

E você? Está disposto a descobrir e contar suas vulnerabilidades para os outros a fim de conquistar a confiança de seus liderados?

E, por último, ter paixão pelo que faz e manter o entusiasmo para fazer melhor a cada dia, incentivando seus liderados a desempenharem o melhor, tem como pré-requisito a escolha certa de sua profissão. Essa escolha compreende um alinhamento com seu propósito de vida e valores, sua equipe de trabalho e as atividades. Assim será muito mais fácil ser apaixonado por aquilo que você faz!

#FICAADICA!

Aquela figura de líder duro, rígido, autoritário não é rara, mas é um paradigma do passado. A liderança moderna não precisa do "crachá" para liderar. Segundo os entrevistados que responderam à Pesquisa dos Sonhos dos Jovens da Cia de Talentos e Next View People, liderança é um ato de influenciar, é uma atitude e não uma posição.

Mais do que uma condição, liderar representa uma função a ser exercida dentro de um contexto.

DE OLHO NO NÚMERO!

OS LÍDERES MUNDIAIS MAIS ADMIRADOS EM 2014 PELOS...

	EXECUTIVOS	JOVENS
1º	Barack Obama	Steve Jobs
2º	Steve Jobs	Nelson Mandela
3º	Bill Gates	Líder/Ex-líder
4º	Jorge Paulo Lemann	Pai/Mãe
5º	Mark Zuckerberg	Bill Gates
6º	Joaquim Barbosa	Jorge Paulo Lemann
7º	Roberto Justus	Jack Welch
8º	Flávio Augusto da Silva	Fernando Henrique Cardoso
9º	Papa Francisco	Papa Francisco
10º	Silvio Santos	Antônio Ermírio de Moraes

Como identificar um líder em potencial dentro da empresa? E será que você seria visto como um futuro comandante da companhia?

SHERLOCK EM AÇÃO!

10 CARACTERÍSTICAS PARA IDENTIFICAR UM LÍDER EM POTENCIAL

Engajar e influenciar colegas de equipe com facilidade

Ser bom de articulação interna, sabendo influenciar tomadores de decisão

Emitir opiniões além do específico e técnico

Assumir a liderança de projetos espontaneamente

Ter comunicação clara e contagiante

Inconformismo constante: busca por ser parte da solução, não do problema

Preferir planejar a deixar que as coisas "aconteçam"

Entregar além do solicitado

Não ter resistência às mudanças

Apropriar-se de suas atividades como dono, assumindo integralmente a responsabilidade por suas funções

As empresas, em geral, possuem processos formais para a descoberta de seus líderes. Sendo assim, as dicas acima serão importantes mas não garantirão que você seja considerado um líder em potencial. Você terá que estar muito atento à cultura que esta empresa tem e adotar um comportamento condizente com este ambiente no qual você está inserido. Além do mais, terá que fazer alianças com as pessoas corretas (lembra do *networking*?). Isso vale para cima, para baixo e para os lados. Não adianta somente ter ótimo relacionamento com o chefe.

DE OLHO NO NÚMERO!

74% das empresas mapeiam formalmente os empregados jovens que são potenciais sucessores para cargos de liderança, e 91% delas os desenvolvem para assumir posições de liderança.[8]

Um dos modelos de liderança mais conhecidos e praticados dentro das empresas é baseado no livro "Pipeline de Liderança" de Ram Charan, Stephen Drotter e James Noel. Neste modelo, o profissional inicia sua jornada gerenciando a si mesmo e depois passa por 6 estágios para chegar ao topo da organização.

RUMO AO TOPO

OS 6 PASSOS PARA LIDERAR UMA ORGANIZAÇÃO

1) De gerenciar a si mesmo a gerenciar outros
(Ex.: Gerente de Manufatura)

2) De gerenciar outros a gerenciar gestores
(Ex.: Gerente de Unidade Fabril)

3) De gerenciar gestores a gerente funcional
(Ex.: Diretor de Operações Fabris);

4) De gerente funcional a gerente de negócios
(Ex.: Vice Presidente de Supply Chain)

5) De gerente de negócios a gerente de grupo
(Ex.: Presidente da Operação Brasil);

6) De gerente de grupo a gestor corporativo
(Ex.: Presidente da Operação Global).

Nestas transições, os comportamentos em três dimensões precisam ser mudadas para que o profissional consiga executar com sucesso sua nova posição. Estas três dimensões são: administração do tempo, aquisição de novas habilidades e valores no trabalho.

Vamos pegar como exemplo a primeira passagem (de gerenciar a si mesmo a gerenciar outros). O profissional recém-promovido terá que aprender a administrar e alocar o tempo para **ajudar os outros** a atingirem suas metas com eficácia. Terá também que adquirir novas habilidades, parar de trabalhar sozinho para executar **através dos outros.** Saber delegar é, sem dúvida, uma das mais difíceis habilidades a serem aprendidas. E, por fim, deverá deixar de valorizar o resultado individual e **valorizar o trabalho em equipe**.

Discernir os requisitos em cada nível-chave da organização é necessário para realizar com sucesso a transição de um estágio para o próximo.

Você, como profissional tentando crescer e assumir uma posição de liderança, também precisa ter habilidade na relação com seus atuais chefes. Não propor e promover mudanças para a empresa, não dar feedback sobre o comportamento do seu gestor e achar que o desenvolvimento da carreira é de responsabilidade exclusiva do seu chefe são erros comuns na relação das equipes com seus líderes.

Ser protagonista de sua própria carreira é crucial para seu crescimento pessoal e profissional. Estar atento às novas tendências em sua área de atuação, buscar conhecimentos em outros campos e não ficar esperando que a empresa faça algo por sua carreira fará de você um profissional mais completo e mais preparado para quando surgir uma oportunidade.

Se por um lado analisamos os traços de um bom líder e as características que apontam para talentos com potencial de assumir uma posição de liderança no futuro, é valioso também entender os maiores erros que os chefes cometem. Falhas que fazem com que percam o respeito e o empenho do time. Não escorregue nestas cascas de banana quando estiver comandando uma equipe.

FUJA DO MICO!

AS 10 MAIORES MANCADAS DOS CHEFES QUE UM LÍDER NUNCA DEVE REPETIR!

Não permitir que a equipe participe na tomada de decisões.

Não aceitar com naturalidade dúvidas e questionamentos do time.

Não conhecer as características, limitações e talentos de cada profissional que lidera.

Não atuar como ponte entre estratégia da organização e a equipe, deixando de comunicar diretrizes e colocar todos no mesmo patamar de informação.

Mostrar constante incoerência entre o discurso e a prática.

Consertar erros das pessoas em vez de ensinar a realizar o trabalho adequadamente.

Recusar-se a assumir a responsabilidade pela equipe - seja pelo sucesso ou por eventuais falhas.

Ter dificuldades de delegar tarefas ou ter atitude centralizadora.

Selecionar para sua equipe pessoas com perfil parecido com o seu, em vez de pessoas que se complementem.

Arrogância ao achar que já possui todo o conhecimento necessário.

Enfim, qualquer deslize acima é muito fácil de ser cometido, principalmente se você é um gestor recém-promovido. É muito comum o profissional que acabou de virar líder achar que o que o trouxe até esta promoção é o que continuará levando-o para maiores níveis na hierarquia da empresa. Afinal o pensamento mais comum é de que ninguém vai fazer algo tão bem como ele sempre fez e a armadilha de continuar fazendo a mesma coisa e não assumir seu novo papel fará dele uma pessoa que não consegue delegar, envolver e desenvolver a equipe. Portanto, fique muito atento para não cair nestas armadilhas!

DE OLHO NO NÚMERO!

QUAL COMPORTAMENTO DE UM LÍDER FARIA UM JOVEM SAIR DE UMA EMPRESA[9]?

56%: Revelar falta de ética e desalinhamento com os valores da organização.

19%: Não saber reconhecer os profissionais de sua equipe.

13%: Demonstrar insegurança e falta de domínio do negócio.

8% Exigir autoridade e respeito dos subordinados, deixando claro quem está acima na pirâmide.

2% Chegar cedo, sair tarde, cobrar resultados constantemente e não dar feedback.

2% Outro.

Mas será que qualquer pessoa pode se tornar um líder?

De forma geral, a resposta é SIM.

O potencial de liderança de cada pessoa se baseia nas experiências acumuladas, capacidade de aprender novas habilidades e disposição de lidar com tarefas cada vez mais complexas e com maior qualidade.

A disposição de um profissional para enfrentar e liderar novos desafios aumenta à medida que os desafios atuais são superados, e o potencial das pessoas muda várias vezes ao longo da carreira. Por isso, é preciso manter a mente aberta e otimista em relação a quem pode vir a ser um líder.

Para os jovens que responderam à pesquisa da Empresa dos Sonhos dos Jovens da Cia de Talentos e NextView em 2013, **Ser líder é** a tradução do sucesso na carreira. E eles querem ser líderes para:

Desenvolver uma equipe e pessoas;
Canalizar a energia das pessoas para um objetivo;
Compartilhar seu ideal;
Ter desafios constantes;
Ter responsabilidades;
Realizar mudanças.

Exercer a liderança não é um papel simples, mas pode ser muito prazeroso se estiver alinhado com seus objetivos de vida e não só com sua ambição de ter status e um bom pacote de remuneração. Isso deve ser a consequência e não a causa de sua escolha. Assim, a possibilidade de você ser mais feliz e realmente colocar seu trabalho a serviço de você mesmo, de sua organização e principalmente de seus liderados será muito maior.

Se você quer ser um futuro líder, procure entender o que te mobiliza para esta escolha, fique atento ao seu desenvolvimento e siga as dicas deste capítulo.

CHECKLIST

LEMBRE-SE DOS PONTOS CRUCIAIS DESTE CAPÍTULO!

Ser líder é uma escolha individual. Uma vez identificada sua vontade de ser líder, comece a observar os comportamentos de líderes que te inspiram.

Você pode aprender a ser líder, mesmo que não seja algo inato.

Você precisará de paciência, foco e determinação para se formar um grande líder, mas o resultado pode ser muito gratificante.

Ética, comunicação e autoconhecimento formam a base de um líder.

12

CARREIRA EM Y

Escolha o trabalho de que gostas e não terás de trabalhar um único dia em tua vida. – Confúcio

Falamos bastante no capítulo anterior sobre as características de um bom líder, a diferença entre os papéis de chefia, gestão e liderança, e formas de desenvolver essas características em você.

Estamos habituados a conhecer a história de executivos, empresários ou empreendedores que cresceram hierarquicamente na carreira virando chefe de uma pequena equipe, depois gestor de um time maior, passando a diretor de todo um departamento, e assim por diante.

Mas ser chefe – ou ainda melhor, líder – e comandar uma equipe não é para qualquer um. Muito embora as habilidades não sejam inatas e possam sem adquiridas e desenvolvidas, alguns profissionais simplesmente não se sentem confortáveis nesta posição.

"Xiiii... não quero ser líder! E agora??"

O que fazer se você não tem perfil para ser líder e, mais importante, não tem o interesse para assumir tal função? Isso quer dizer que sua carreira profissional está fadada à estagnação?

A resposta é NÃO. Existe um mito, especialmente na cultura brasileira, de que apenas as pessoas que assumem uma posição de liderança têm sucesso na carreira. Ou seja, cargos sem status de gestão seriam considerados menos importantes.

Mas a solução vem em forma de letra. Para que esses talentos e conhecimentos não se percam, algumas empresas estão desenvolvendo planos de **carreira em Y.** O modelo permite que um profissional evolua sem ter que assumir a gestão de pessoas, mas especializando-se cada vez mais em sua área de atuação.

Este modelo de carreira é mais comum em segmentos em que o aspecto técnico, ou a especialização, é peça fundamental do negócio. Nas indústrias, pode ser um engenheiro que conheça uma tecnologia ou etapa importante do processo. Nas empresas de serviços, como consultorias, profissionais altamente especializados em um determinado tema ou segmento de mercado. Em algumas companhias, esses cargos equivalem a posições como "gestor de processos ou projetos".

Se a gestão de pessoas não é necessária para crescer na carreira em Y, a especialização é um elemento-chave. Ela pode ser desenvolvida tanto através de anos de experiência, quanto com pesquisa e aprofundamento acadêmico, por meio de mestrado, doutorado e pós-doutorado. O importante na carreira em Y é atuar e ser visto como especialista num assunto, aquele a que todos recorrem para tirar dúvidas e resolver problemas complexos – seja na linha de produção ou na gestão de um projeto difícil.

Outra confusão comum é achar que, na carreira em Y, basta saber. Claro que o conhecimento profundo de um assunto é o principal pilar deste tipo de carreira, mas transformar este conhecimento em resultado é o que faz a diferença para o mercado de trabalho. Aqueles que desejam estudar um tema, mas não necessariamente colocá-lo em prática, devem dedicar-se à carreira acadêmica, realizando pesquisas, escrevendo livros ou atuando como professor.

Para ter sucesso neste modelo de carreira, ter muito interesse no assunto em que quer tornar-se *expert* é fundamental, afinal, quanto mais profundidade e conhecimento tiver, maior a chance de garantir seu lugar como especialista. Para isso, estudo, pesquisa e experimentação constantes são chaves para ganhar a bagagem específica.

Em um projeto, trabalhamos com um típico exemplo de profissional que escolheu carreira em Y. Ele se especializou nos moldes plásticos para aparelhos de barbear e é referência para o mundo todo. Fez pesquisa acadêmica e tem mestrado em injeção plástica. Outra profissional que conhecemos é especializada em fios capilares. Ela atua em uma grande indústria que fabrica uma série de produtos de higiene e beleza e é responsável por garantir que cada produto, quando pronto, faça o que promete para os cabelos dos consumidores.

Nenhum destes profissionais gerencia equipes, mas, ainda assim, carregou grandes responsabilidades e alçou voo na carreira!

TIRA-TEIMA

A comparação entre uma carreira linear (tradicional) ou em Y

Carreira linear

O que é: carreira gerencial, ou seja, depois de algum tempo com uma função específica como contribuidor individual, o profissional passa a assumir uma função de gestão de uma equipe, quando seu principal objetivo é garantir que seu time se desenvolva e entregue os resultados propostos. A longo prazo, a carreira gerencial chega à presidência da empresa ou conselho de administração.

Como funciona: no início da carreira, o profissional atua como contribuidor individual, com tarefas específicas e gerenciado por um gestor. Após algum tempo nesta função, com bom desempenho e vontade de assumir um cargo maior, passa a ser gestor de uma equipe.

A quem se destina: àqueles que realmente têm interesse em não só crescer na hierarquia, assumindo posições cada vez mais altas, mas que querem se desenvolver como gestores de pessoas e no futuro como dirigentes do negócio. O profissional deve estar disposto a estudar e aprender como liderar e desenvolver pessoas para entregar o resultado de uma equipe.

Carreira em Y

O que é: carreira especialista, ou seja, depois de algum tempo com uma função específica como contribuidor individual, o profissional passa a assumir o papel de expert. Em vez de gerenciar uma equipe, decide aprofundar-se em um determinado tema ou área, tornando-se uma referência.

Como funciona: no início da carreira, o profissional atua como contribuidor individual, com tarefas específicas e gerenciado por um gestor. Após algum tempo nesta função, com bom desempenho e vontade de assumir um cargo mais especializado, passa a estudar e direcionar suas experiências e atividades a fim de entender profundamente de um determinado assunto ou área de atuação.

A quem se destina: àqueles que possuem interesse em ser referência de um assunto, estudar e conhecer todas as possibilidades, inovações e os desdobramentos de um tema específico. É preciso ter muito interesse em se aprofundar na área em que trabalha.

A carreira em Y carrega tantas responsabilidades quanto à carreira gerencial. A grande diferença é que este tipo de carreira não prevê a gestão de equipes ou de negócios. Apesar de não estar na descrição de cargo de um especialista e não ser um pré-requisito para a carreira em Y, interagir e trabalhar bem em equipe é importante, e a gestão de pessoas pode aparecer quando você estiver gerenciando projetos. Nestes períodos (com início, meio e fim), a gestão de pessoas pode ser necessária. O mesmo vale para a gestão de negócio. É fundamental que o expert conheça sobre a empresa, o negócio e o segmento em que está inserido. E, neste papel, você vai precisar liderar discussões, planejamentos, envolver pessoas e engajá-las com o objetivo do trabalho. Aí entra o que, no mercado, chamamos de "liderança indireta", ou seja, o especialista está à frente de um projeto e gerindo uma equipe, com a responsabilidade de desenvolvê-la. Como líder, deve garantir que todos os envolvidos naquela atividade estejam caminhando para o mesmo objetivo – exatamente como um gestor de equipe faz!

Como vimos, embora a carreira linear ainda seja muito mais frequente nas empresas, é possível avançar profissional e financeiramente se você não gosta de liderar equipes ou não se vê como um dirigente da empresa no futuro. Existe lugar para quem tem um perfil mais técnico que gerencial. Mas como identificar esse perfil?

SHERLOCK EM AÇÃO!

COMO IDENTIFICAR SEU PERFIL PROFISSIONAL

Você tem perfil GERENCIAL se...

- Prefere passar a maior parte do seu tempo trabalhando com outras pessoas.
- Tem interesse em desenvolver e gerenciar pessoas.
- Gosta de saber um pouco de tudo e ter a visão macro da empresa.
- Aprecia o status de "líder".

Você tem perfil TÉCNICO se...

- Tem preferência por passar a maior parte do seu tempo trabalhando sozinho ou em pequenos times.
- Se interessa por entender profundamente sobre um assunto.
- Gosta de ter uma visão mais especializada de determinado tema ou área.
- Valoriza o status de "***expert***".

O mais importante de uma decisão por carreira em Y ou linear é levar em conta aquilo que realmente gosta de fazer. Muitos se sentem pressionados a crescer como gestores de equipes, pois não enxergam em suas empresas a possibilidade de crescer como expert. Neste caso, olhe para fora. Há muitas empresas no mercado que oferecem esta chance.

O fato de ser muito bom no que faz não significa que será um ótimo gestor de pessoas ou de negócios. Existem competências e habilidades fundamentais para a carreira linear que você pode não ter ou querer desenvolver. Por outro lado, pode existir um especialista ainda desconhecido dentro de você. Seja honesto consigo e conheça o que realmente te faz feliz. O status que vem acompanhado de uma posição de *expert,* quando bem executada por um profissional feliz, é maior do que o recebido por um gestor infeliz.

CHECKLIST

LEMBRE-SE DOS PONTOS CRUCIAIS DESTE CAPÍTULO!

Seja sincero na sua escolha de carreira. Busque o que de fato te realiza.

Para ser um bom especialista, é preciso ter real interesse pela área ou tema no qual quer se especializar.

Sucesso na carreira em Y significa muito estudo, experiência e inovação dentro de uma área de atuação.

Ser um expert exige muita dedicação e disposição para assumir grandes responsabilidades.

Ainda que não tenha a função oficial de gestor de equipes, lidar bem com pessoas e gerenciá-las em projetos pode fazer parte da carreira em Y.

13

A HORA DO **FEEDBACK**

Feedback é o café da manhã dos campeões. – Kenneth H. Blanchard

Um belo dia você está trabalhando atento em seu computador e o chefe o chama para uma conversa. Pela cara dele, parece uma conversa séria. Ele vai avaliar seu desempenho como funcionário da empresa. Tudo o que fez – ou deixou de fazer – nos últimos seis ou doze meses será o assunto da pauta. Onde está indo bem e o que precisa melhorar.

São momentos de tensão. Mas de grande oportunidade.

O *feedback*, ou a conversa sobre a sua avaliação de desempenho profissional, é uma ferramenta de gestão de pessoas que as empresas usam para equilibrar os comportamentos esperados com os praticados. Verificar se as suas expectativas e sua avaliação do próprio desempenho estão alinhadas com a do seu gestor, as expectativas da empresa e os resultados esperados para a área.

A avaliação de desempenho serve para identificar, diagnosticar e avaliar o comportamento do funcionário durante um intervalo de tempo, analisando a postura profissional, o conhecimento técnico, a entrega de resultados e a relação com os parceiros de trabalho. O feedback é a conversa estruturada em que estes elementos são compartilhados com o indivíduo, a fim de que ele possa conhecer onde está acertando, o que pode melhorar, e construir um plano de desenvolvimento. Para isso, são avaliados os pontos fortes e as possibilidades de aprimoramento, necessidade de treinamento, remanejamento do indivíduo para outras funções em que poderia render mais. Nessa hora também pode ser feito o reconhecimento (promoção ou bônus).

O feedback não deve ser tratado ou entendido como um monte de más notícias. Uma conversa de desligamento pode incluir um feedback, mas um feedback não precisa resultar em demissão. Pelo contrário, ele deve ser dado para maximizar as chances de o profissional continuar na empresa e avançar. É um momento importante para rever os processos do dia a dia, e discutir os próximos movimentos na carreira. Ver se os passos que está dando estão te levando para a direção correta, te aproximando do posto, cargo ou salário que almeja, e discutir novas oportunidades para o crescimento profissional.

Muita gente tem medo desse momento. Medo de falar e ouvir. Medo de ser criticado pelo chefe ou dizer o que pensa e receber em troca reações adversas ou retaliações. Se este é o seu caso, saiba que não está sozinho.

Um bom *feedback* é baseado em fatos e dados e não em percepções genéricas. Cada ponto apresentado, positivo ou negativo, deve estar acompanhado de um exemplo em que o comportamento foi evidenciado e uma sugestão de como melhorar (no caso de um ponto a desenvolver), ou continuar agindo (no caso de um ponto forte). Vamos ver alguns exemplos:

Sobre um ponto positivo: "Trabalhar em equipe realmente é um dos seus pontos fortes. Na nossa última reunião semanal, isso ficou evidente quando você percebeu que a Ana não estava entendendo a apresentação de resultados e se ofereceu para sentar e explicar o que aconteceu enquanto ela estava de férias. Isso mostra a sua sensibilidade de perceber o que seus colegas precisam e oferecer ajuda. Sugiro que continue fazendo isso, não só durante as reuniões, mas sempre que perceber que alguém não está entendendo uma meta da área. Parabéns!"

Sobre um ponto a desenvolver: "Assisti à sua última apresentação para a diretoria, e acho que tem alguns pontos que precisa desenvolver. É importante que seja mais objetivo. Tínhamos 30 minutos para apresentar os resultados do trimestre e você acabou se estendendo muito na parte dos projetos, sobrando pouco tempo para falarmos da meta de vendas. Antes de apresentar, sugiro que faça uma lista de prioridades, sempre destinando mais espaço aos temas mais importantes, pois o tempo acabou e a diretoria ficou sem os detalhes sobre as vendas. Se precisar de ajuda, me procure que treinamos juntos antes da apresentação oficial."

Quando o feedback é oferecido da forma mais assertiva, algumas pessoas reagem mal. As reações mais comuns dos funcionários nesta hora são cinco: Fuga, Choque, Negação, Hipercrítica e Raiva. Vamos explicar cada uma delas, para que você, quando for dar ou receber feedbacks difíceis, saiba evitar ou lidar com elas.

Fuga: acontece quando quem está recebendo o feedback sobre um ponto em que não está indo bem começa a mudar de assunto. Para lidar com isso, calmamente fale: "Entendo que seja difícil ouvir isso, mas realmente preciso que a gente se concentre neste ponto."

Choque: dependendo da sensibilidade do tema que está sendo abordado no feedback, a pessoa que está recebendo pode entrar em choque e simplesmente parar de ouvir o que está sendo dito. Neste caso, se achar prudente, interrompa a conversa e sugira continuar depois. Ofereça ajuda e demonstre empatia: "Imagino o que esteja sentindo. Vamos continuar em outro momento? Tem algo que eu possa fazer para te ajudar agora?"

Negação: este é o comportamento mais comum nas situações em que o profissional que está recebendo o feedback tem dificuldade em lidar com críticas. A reação é simplesmente negar: "Nunca agi desta forma. Você está enganado" ou ainda, "Não foi bem assim que aconteceu". Para lidar com isso é fundamental se preparar para a conversa com fatos e dados, retomando as evidências observadas e o impacto que o comportamento negativo causou.

Hipercrítica: não é muito comum, mas muitas pessoas tendem a receber um feedback negativo com muita culpa, exagerando ainda mais na percepção do impacto que ele causou. Frases típicas de quem reage com hipercrítica: "Realmente eu não sou bom em nada mesmo. Você está falando que não consigo fazer uma apresentação bem, mas na verdade eu não faço nada bem" ou "Eu simplesmente acabei com o trabalho do Pedro. Fiz muito mais do que não ajudar quando ele precisou, eu sou uma péssima colega". Em casos como este, a dica é voltar ao tema específico do feedback: "Entendo que esteja se sentindo mal com o que aconteceu, mas acho que está exagerando. Vamos nos ater ao que de fato aconteceu e como você pode melhorar neste ponto."

Raiva: é comum que pessoas que não estão acostumadas a receber críticas reajam mal a feedbacks difíceis, expressando raiva em relação a quem está conduzindo a conversa, sejam colegas ou chefes. Neste caso, cabe avaliar se vale a pena continuar o feedback depois de a pessoa se acalmar ou se é melhor remarcar para outro dia, quando a raiva de fato passar. Se mesmo assim, a reação persistir, ela precisa ser abordada: "Até entendo que você sinta raiva ao ouvir o que estou te dizendo, mas só com críticas construtivas podemos nos desenvolver. Estou compartilhando este fato, para que você possa aprender com ele."

Para dar um feedback construtivo, é fundamental entender se o tema é algo que a pessoa consiga melhorar ou continuar fazendo. Conhecemos uma profissional que tem a voz estridente e, além disso, fala muito alto, chegando a incomodar os colegas no ambiente de trabalho. Podemos sugerir que ela fale mais baixo, mas, quanto à voz estridente, é da natureza dela, não temos como exigir que desenvolva uma voz mais grave.

Outro ponto importante é que deve ficar claro o interesse real em que o outro aprenda e se desenvolva. Feedback não é bronca, mas uma real oportunidade de desenvolvimento.

Contribuindo para o momento do *feedback,* existem diversas ferramentas e muitos modelos de avaliação de desempenho. Eles ajudam a munir o chefe com argumentos e percepções a respeito do funcionário. Em alguns casos, mostram também como ele é visto pelos pares, outros chefes, subordinados. São 3 as estratégias de avaliação mais usadas.

OS 3 MODELOS MAIS COMUNS
DE AVALIAÇÃO DE DESEMPENHO

Balance Scorecard (BSC)
Avaliação 180°
Avaliação 360°

O **Balance Scorecard** (ou BSC) é um sistema desenvolvido por Robert S. Kaplan e David P. Norton na década de 90. Ele avalia o desempenho sob quatro perspectivas: financeira, do cliente, dos processos internos e do aprendizado e crescimento. São definidos objetivos estratégicos para cada uma das perspectivas e tarefas para o atendimento da meta em cada objetivo estratégico. A cada funcionário é atribuída uma ou mais metas específicas que ajudarão a entregar os objetivos estratégicos. Ao final de cada ciclo, cada funcionário recebe a sua devolutiva de como e quanto conseguiu contribuir para os resultados da empresa. Este tipo de avaliação de desempenho é recomendado para empresas que tenham metas de negócio bem definidas e acompanhadas de forma sistemática e padronizada.

A **Avaliação 180º** é uma ferramenta na qual cada avaliado é analisado e recebe feedback somente pelo gestor, tendo por base as metas que lhe foram determinadas durante o período. Este tipo de avaliação fornece orientação, aconselhamento, informação, metas, objetivos e cobra resultados, enquanto o subordinado fornece desempenho e resultados e cobra recursos do gestor. Este é o tipo mais comum de avaliação de desempenho.

Já no modelo de **Avaliação 360º**, o profissional é avaliado por todas as pessoas com quem ele tem relação: gestores imediatos ou não, colegas de trabalho, subordinados, pares (avaliação conhecida como peer review) e até clientes da empresa. Este tipo de avaliação deve ser utilizada por empresas que já tem uma forte cultura de feedback e transparência nas relações entre as pessoas. Isso é importante, pois subordinados devem sentir-se à vontade para avaliar seus chefes de forma verdadeira para que a 360o funcione de fato.

Neste processo de avaliação, existem perguntas que o chefe pode fazer à equipe para conhecer a visão deles a respeito de um determinado funcionário. Assim, se você for um desses avaliadores, pode ter que responder perguntas como:

- Quais são as forças dessa pessoa? (O que ela faz bem?)
- Quais são os pontos fracos e déficits de habilidades?
- Como é trabalhar com essa pessoa?
- O que ela deveria saber para trabalhar melhor com você?
- O que a pessoa precisa aprender para ter sucesso no próximo nível?

DE OLHO NO NÚMERO!

72% dos jovens concordam que recebem feedbacks construtivos.[10]

44% dos executivos não sentem que seu desempenho é avaliado de forma justa.[11]

Munido com o resultado da avaliação e a própria percepção de chefe, o gestor se reúne com o funcionário. Se na empresa onde você trabalha a prática do feedback é aplicada com empenho e frequência, isso é ótimo! É uma ferramenta que você, funcionário, tem para saber o que deve fazer para avançar na companhia. É preciso ter a postura adequada para recebê-lo, de tal forma que as informações que forem ditas resultem em um combustível aditivado para sua carreira, e que você deixe no chefe uma impressão melhor a seu respeito do que a que ele tinha quando entrou na sala.

NO RUMO CERTO!

OITO ATITUDES PARA RECEBER UM FEEDBACK DE FORMA ADEQUADA

Evite posturas defensivas ou contestações.

Ouça atentamente os motivos e a argumentação utilizada.

Pergunte sempre que necessário. Esclareça suas dúvidas.

Garanta que compreendeu as expectativas do seu gestor.

Se possível, antes do **feedback** reflita sobre seus comportamentos. O que fez bem? O que pode fazer melhor?

Peça sugestões para melhorar.

Tenha confiança e respeito pelo emissor do **feedback.**

Não se sinta invadido ou tolhido. Lembre-se de que é um processo de desenvolvimento e o saldo deverá ser positivo.

Feedback é um presente. Ele não pode ser devolvido, mas não precisamos fazer algo com ele. Quando recebemos um presente, podemos não gostar, mas sempre agradecemos, afinal foi dado com a intenção de nos fazer bem.

Pode acontecer que no momento do *feedback* você não concorde com o que está sendo dito. Verifique se entendeu direitinho o que está sendo apontado. Caso tenha entendido e, ainda assim, não concorde, guarde a mensagem na sua memória. Caso no futuro receba um *feedback* semelhante da mesma ou de outra pessoa, pare para pensar. Há um ditado que diz: “Se todo mundo diz que a vaca é malhada, pelo menos uma pinta ela tem.” Pode ser que você não tenha percebido em você as características que precisam ser melhoradas ou ajustadas, mas, se várias pessoas apontam para este comportamento, vale a reflexão.

O Outro Lado
a visão do gestor

Se você é o gestor da sua área, lidera uma equipe – seja ela pequena ou grande – ou então planeja um dia assumir um cargo de chefia, é bom saber que um *feedback* mal feito ou mal dado pode ser um tiro no pé, gerar efeitos negativos, minando o objetivo inicial da iniciativa que era melhorar o desempenho do funcionário e alinhar as visões e expectativas.

Por isso, quando chegar a hora de dar um *feedback* para seus funcionários, mire no alvo e dê tiros certeiros.

NO ALVO!

OS 14 ACERTOS PARA DAR UM FEEDBACK PRODUTIVO E EFICAZ

Escolha um momento e local apropriados - reservado e livre de interrupções.

Traga exemplo reais. Os pontos positivos e os pontos a desenvolver. Sempre situações específicas (exemplos concretos).

Seja descritivo e específico - foque no comportamento e não na pessoa.

Direcione o **feedback** para comportamentos que o profissional possa modificar ou reforçar.

Esteja atento a como o profissional está entendendo e recebendo o feedback, não fique preso somente na sua necessidade de transmití-lo. E construa um raciocínio conjunto.

Sugira comportamentos alternativos e mostre benefícios de mudar, melhorar ou se comportar de forma diferente.

Coloque-se à disposição para retomarem algum ponto depois, se necessário. Às vezes um **feedback** pode demorar para ser assimilado.

Use o resultado da avaliação na escolha de promoções e aumentos, mantendo coerência de discurso e prática.

Ofereça **feedbacks** sempre que possível e pelo menos duas vezes por ano.

Quanto mais próximo do comportamento (positivo ou negativo) for o **feedback**, mas fácil é de dar exemplos concretos e do profissional se lembrar de como agiu.

Saiba que nesta situação quem está recebendo o ***feedback*** também terá o direito de falar, não concordar e dar o seu próprio ***feedback***. Tente entender o ponto de vista do receptor sem julgá-lo.

Procure assegurar uma comunicação precisa, fazendo, quando possível, o profissional repetir o que entendeu.

Evite dar ***feedbacks*** com conotações emocionais intensas.

Mantenha sempre a autoestima do receptor. Seja respeitoso.

Evite dar ***feedbacks*** quando você ou o receptor estiverem frustrados, irritados ou cansados.

Ao final do feedback, a sensação deve ser de que um aprendizado foi proporcionado e absorvido. É importante que combinados sejam tratados e acordos sejam feitos. Para ter certeza de que o aprendizado será transformado em novos comportamentos, um plano de ação, com metas de desenvolvimento e atividades claramente estabelecidas, ajuda muito. E essas metas devem ser SMART! SMART é a sigla que define a forma correta de construir metas: eSpecíficas, Mensuráveis, Atingíveis, Relevantes, e que tenham um Tempo determinado para acontecer.

CHECKLIST

LEMBRE-SE DOS PONTOS CRUCIAIS DESTE CAPÍTULO!

Feedback não é má notícia. Ele deve proporcionar aprendizados que possam desenvolver o profissional que o está recebendo.

Ao dar um feedback, seja específico. Nada de percepções genéricas. Use fatos e dados para fundamentar a mensagem.

Somente dê feedbacks que sejam relevantes e sugira pontos que o profissional possa de fato desenvolver.

Sempre deixe claro o impacto positivo e negativo que o comportamento causa e quais os benefícios de continuar fazendo ou deixar de ter cada comportamento.

Ofereça ajuda e trace um plano de ação com metas SMART.

14

COMO SER **UM TALENTO** RECONHECIDO E **PREMIADO**

A maior recompensa para o trabalho do homem não é o que ele ganha com isso, mas o que ele se torna com isso. – John Ruskin

Com o mercado de trabalho mais aquecido, segurar os profissionais se tornou uma preocupação para muitos empregadores. E pagar bem deixou de ser o principal ou o único recurso para isso.

Qual é o peso do pacote de benefícios? E, entre eles, quais são os mais valorizados e eficazes na hora da retenção de talentos?

SEDUZINDO O STAFF

O QUE SEGURA UM PROFISSIONAL DENTRO DA EMPRESA

1º Os Valores da empresa

2º Desafios

3º Desenvolvimento e aprendizado

4º Remuneração e benefícios

5º Crescimento profissional (perspectivas e plano de carreira)

Para reter profissionais, muitas empresas vão além do salário de mercado ou de um bom plano médico. Horários flexíveis, cursos de capacitação e um bom plano de carreira são tópicos que muitas vezes entram na conta.

Dependendo do momento de vida, salário e benefícios podem ter um peso grande na decisão de ficar na empresa atual ou de buscar outra oportunidade, mas cada vez mais são os elementos intangíveis que direcionam a tomada de decisão dos profissionais.

Esses elementos variam muito de uma empresa para a outra, mas todos buscam reforçar ou incentivar pontos que são cada vez mais importantes, não só para jovens profissionais, como para os mais experientes.

Ambiente de Trabalho: atividades que proporcionem um ambiente saudável e do qual as pessoas queiram fazer parte. Para isso, empresas investem em programas que reforcem o relacionamento entre a equipe, trazendo atividades extracurriculares como incentivo a times de corrida e grupos de coral formados por funcionários, entre outras iniciativas.

Equilíbrio entre vida pessoal e profissional: este é um desejo de quase todos os profissionais. Muitas vezes, preocupados em exercer suas funções familiares, ou até mesmo seus hobbies, profissionais valorizam muito as empresas que oferecem horários flexíveis e esquema de home office para que possam conciliar trabalho com seus outros papéis e interesses.

Exercício dos Valores da empresa: já falamos aqui que a escolha da empresa dos sonhos tem muito a ver com os valores das companhias. Mas de nada adianta eles estarem escritos, se os profissionais não têm a oportunidade de vivenciá-los no trabalho. Empresas que têm como um de seus valores a responsabilidade social, por exemplo, oferecem uma série de programas voluntários para seus funcionários. Apesar de significar "mais trabalho" e, ainda por cima, não remunerado, a sensação de contribuição atingida com a participação no exercício dos valores da empresa traz satisfação e ajuda na retenção dos profissionais.

Investimento em Desenvolvimento: Companhias investem milhões para oferecer diferentes formas de desenvolvimento e aprendizado para seus funcionários. Este dinheiro não vai em forma de salário para o bolso, mas certamente contribui e muito para o seu currículo. Estes programas acontecem dentro das empresas, em parceria com consultorias, empresas de treinamento, *coaching* ou escolas de negócios, e fora das companhias, em forma de incentivos ou financiamento para especializações, MBAs ou cursos de idiomas.

Premiações: Muito comuns na área comercial, prêmios como viagens e ingressos para shows e teatro são oferecidos aos melhores vendedores. Estes mesmos prêmios, além de troféus, também são dados por tempo de casa, em aniversários de 10 anos de empresa, por exemplo. Por último, existem premiações especiais para reconhecer ideias inovadoras ou contribuições excepcionais. Atualmente, uma prática comum é atrelada a programas de indicações profissionais: toda vez que um funcionário recomenda uma pessoa de seu networking para a companhia e a contratação é bem-sucedida, entra em campo a política de premiação.

Benefícios: Podem ser compulsórios (aqueles que a lei ou convenção/acordos coletivos obrigam a pagar, como 13o salário, férias remuneradas e licença maternidade) ou opcionais. Os benefícios variam de acordo com o porte da empresa e nível hierárquico, ou seja, quanto maior a companhia e mais perto do topo da pirâmide você está, mais benefícios vai receber.

Alguns podem ser aplicados somente a áreas específicas. Vendedores, por exemplo, podem ter carro da empresa, enquanto analistas da área de finanças, não, mesmo que tenham um salário muito parecido. E os benefícios podem ser dados integralmente ou parcialmente (quando o funcionário contribui, dividindo em diferentes proporções, os custos com a empresa). Segue abaixo uma lista com os principais benefícios opcionais:

Assistência Médica e Odontológica
Vale Refeição
Vale Alimentação e Cesta básica
Seguro de vida individual ou coletivo
Transporte
Carro e pagamento de quilometragem

Apesar de serem estes os mais comuns, existem muitos outros benefícios por aí, como creche para filhos, assistência psicológica, convênio farmácia e outros mais inusitados, como manicure, massagem e academias de ginástica gratuitas. Existem empresas que oferecem benefícios flexíveis, permitindo que os funcionários escolham quais e como quer usufruir deles.

Ainda na luta pela retenção dos melhores profissionais, as empresas desenvolvem incentivos extras ou estratégias para recompensar esforços e reconhecer os talentos.

E cá pra nós... quem não gosta de dinheiro no bolso? Ganhar mais, ser promovido? Isso tem um peso! Possibilita trocar de carro, mudar para um apartamento maior, frequentar restaurantes que você gosta e fazer aquela viagem bacanas nas férias. Em outras palavras, claro que os "elementos tangíveis" também são muito importantes! Por isso, vamos explorar um pouco as formas mais comuns de remuneração e benefícios encontradas no mercado:

Remuneração fixa

Salário: é o valor fixo, em dinheiro, que pinga na sua conta em troca do seu trabalho, normalmente pago mensalmente. Quando regido pela CLT, o profissional tem um salário nominal ou bruto (o valor que consta na carteira de trabalho) e, depois de todos os descontos (IR, INSS etc.), o salário líquido ou efetivo. Em empresas com sistemas de remuneração estruturados, os salários são organizados em faixas que servem para organizar pessoas e funções de mesma complexidade em grupos salariais semelhantes. Os salários não podem ser diminuídos (ufa!) e são reajustados através de dissídios anuais (determinados pelos acordos coletivos de cada categoria) ou aumentos de mérito – quando, sem ser promovido para o próximo cargo, você recebe um aumento salarial pelo bom desempenho. Enquanto o dissídio vale para todos, o aumento de mérito depende da decisão de cada gestor, companhia e entrega individual.

Remuneração Variável: cada vez mais presente nas empresas desde a década de 90, a remuneração variável vem sendo usada principalmente como uma estratégia para lidar com o crescimento da complexidade dentro e fora das organizações. Somente a remuneração fixa e os benefícios não são mais suficientes para dar conta das frequentes e constantes mudanças que o mundo vive e a forma e velocidade com que o trabalho dos profissionais precisa reagir a estas mudanças. Como as leis brasileiras são rígidas e antigas, novos mecanismos vêm sendo incorporados às políticas de remuneração das empresas. As mais comuns são:

De curto prazo (quando o pagamento é realizado até um ano depois da definição das metas e objetivos)

Este tipo de remuneração variável é construído a partir dos objetivos e resultados esperados para uma pessoa, área e/ou para toda a empresa num determinado período (trimestre, semestre ou ano). Cada funcionário recebe e se compromete com um conjunto de metas. Se mandar bem e elas forem batidas, em troca, ele recebe uma remuneração adicional. Ou seja, essa variável pode ou não acontecer e depende de uma série de fatores (metas individuais atingidas, da área, do resultado financeiro da empresa, da entrega de projetos estratégicos etc.). A ideia é alinhar os interesses das empresas com os dos profissionais, compartilhando o risco – e os benefícios – de obter resultados. Na prática, quanto mais você se empenhar, mais você pode ganhar com isso. O lucro e as conquistas não são só desfrutados pelos acionistas, mas compartilhados com todos aqueles que ajudaram a realizá-los. Vamos aos principais tipos de remuneração variável de curto prazo:

PLR: a famosa participação nos lucros e resultados, regulamentada por lei em dezembro de 2000, é cada vez mais comum nas empresas. As vantagens da PLR para a empresa não se limitam à possibilidade de engajar os funcionários a atingir melhores resultados. Há também benefícios financeiros, pois sobre a PLR não incidem uma série de encargos trabalhistas (como 1/3 de férias, FGTS e 13º salário) e ela é ligada ao atingimento de lucros e resultados (só paga se eles tiverem sido atingidos).

Na prática, todos os funcionários devem ser elegíveis à PLR (sem restrição por cargo ou área), mas nem todos recebem, pois depende do atingimento das metas acordadas. Para estar dentro da lei, a política de PLR deve ser negociada e acordada com uma comissão de funcionários ou sindicato e ser paga no máximo em duas parcelas no ano. Apesar da não incidência de encargos trabalhistas, há incidência de IRPF (Imposto de Renda para Pessoa Física) quando o valor for maior que R$ 6.000,00/ano e somente sobre o valor que ultrapassar esse montante. Mesmo assim, os percentuais são mais "suavemente" aplicados que os tradicionais 27,5% descontados sobre salário fixo e bônus. Para ficar claro:

Valor recebido - PLR	% IR
Até R$ 6.000,00	isento
De 6.000,01 a R$ 9.000,00	7,5% (aplicado sobre o excedente de R$ 6.000,00)
De 9.000,01 a R$ 12.000,00	15% (aplicado sobre o excedente de R$ 6.000,00)
De R$ 12.000,01 a R$ 15.000,00	22,5% (aplicado sobre o excedente de R$ 6.000,00)
A partir de R$ 15.000,00	27,5% (aplicado sobre o excedente de R$ 6.000,00)

Bônus: É pago mediante atingimento de metas acordadas entre profissional e empresa e depende de certas variáveis, como crescimento, rentabilidade e resultados específicos. A diferença para a PLR é que pode ser oferecido somente a alguns cargos – normalmente do nível gerencial para cima, mas há exceções. O bônus é mais simples de ser implementado, pois não depende de negociações com sindicato ou comissão de funcionários. Por outro lado, sobre ele incidem todos os encargos trabalhistas e imposto de renda como no salário fixo. O bônus, diferentemente da PLR, quando pago frequentemente, pode estar sujeito a ser incorporado na remuneração do funcionário. A periodicidade de pagamento é de decisão da empresa.

Comissão: Mais comum nas áreas ligadas a atividades comerciais, corresponde ao valor pago sobre as vendas e consequente faturamento, realizado por determinada equipe ou indivíduo. Estas metas podem ser mensais, trimestrais, semestrais ou anuais. A remuneração total dos profissionais de vendas é normalmente calculada com uma parte fixa e uma variável – a "comissão". Os valores variam muito de um segmento de negócio para outro e são influenciados pelo preço e frequência de compra do produto ou serviço. Existem ainda modelos de comissão por ***savings***, ***cost avoidance***, ou, em português, economias feitas para a empresa, em que área e profissionais são recompensados por quanto conseguem deixar de gastar ou quanto economizam em função de boas negociações com fornecedores e parceiros. Modelos como estes são comuns nas áreas de Compras, por exemplo. Sobre o comissionamento, incidem todos os impostos (quando o profissional é regido pela CLT) e aqui também vale o princípio da habitualidade (a comissão pode ser entendida como parte integrante da remuneração padrão do funcionário).

Lump Sum: A remuneração Lump Sum é uma premiação em dinheiro, normalmente paga de forma única a um ou mais profissionais da empresa que fizeram alguma contribuição realmente incrível. Ela pode ser, por exemplo, na área de Inovação, na forma de algum projeto muito importante para a empresa ou feito excepcional. Esse dinheiro pode ser concedido a um, a alguns ou a nenhum profissional da empresa. Sobre ele, aplicam-se todas as regras e impostos semelhantes ao bônus. A diferença é que, apesar de todos serem elegíveis, pouquíssimos ganham.

De Longo Prazo (quando o pagamento é realizado a partir de três anos da definição das metas e dos objetivos)

Stock Plans: Nesse modelo você, funcionário, recebe o direito de comprar ações da empresa no futuro a preços e condições privilegiadas (como um desconto de 30%). A ideia é segurar funcionários-chave com um bom estímulo financeiro, e arrancar deles o comprometimento com a estratégia de longo prazo da companhia. Para garantir que você não vai embolsar o benefício e sair da empresa no dia seguinte, as ações passam por um período de carência, chamado de **vesting** – normalmente de três anos, podendo chegar a cinco. Assim, o funcionário só tem direito de "realizar" suas ações, que, de forma bem simplificada, significa "revender" as ações para a companhia e colocar o dinheiro na conta, se ficar na empresa todo esse tempo. Saiu, geralmente, perdeu.

A aplicação desse modelo ainda é pequena no Brasil quando comparada aos EUA, onde é uma das principais formas de remuneração dos executivos. Em parte, porque o modelo só funciona, em teoria, para empresas que têm suas ações listadas na bolsa! Apesar de crescente, o número de empresas de capital aberto no Brasil ainda é pequeno.

Por outro lado, na prática, o modelo também pode ser aplicado em companhias cujas ações não estão listadas. Neste caso, a empresa simula o valor de suas ações (chamadas então de ***phantom stocks***). Essa simulação é baseada no ***valuation,*** que em resumo é quanto a empresa vale. O ***valuation*** pode ser calculado usando indicadores tradicionais como crescimento, endividamento e rentabilidade ou, em casos de ***startups,*** pelo seu valor estratégico. O risco do modelo implementado em empresas não listadas em bolsa é que o valor da mesma pode ser subdimensionado.

#FICAADICA!

Implementar e gerir Stock Plans não é moleza! A operação é complexa e tem muitos riscos envolvidos. Se você pretende aplicá-la em sua organização, leia bastante sobre o tema e busque ajuda especializada. Se você tem stock options ou pretende buscar um emprego que as ofereçam, entenda bem como elas funcionam na nova vaga.

Não existe legislação fiscal ou trabalhista específicas para esta modalidade no Brasil. Na hora de declarar o IRPF (Imposto de Renda Pessoa Física) ou no caso de desligamento, pode haver muita confusão. Se precisar, consulte um bom contador, advogado ou especialista em tributos.

Participação acionária ou *Equity*: Em algumas empresas e segmentos específicos, como companhias de auditoria, consultorias, escritórios de advocacia e mais recentemente muitas ***startups***, os profissionais podem galgar degraus e se tornar sócios da empresa, sendo premiados portanto com participação acionária e passando a ser donos de um naco da companhia onde trabalham. Isso aumenta o comprometimento, e, se a empresa for bem, o funcionário – e seu patrimônio – também se beneficiam.

Bônus diferido: parecido com o bônus de curto prazo, este modelo prevê que o pagamento por metas e resultados atingidos seja postergado para o futuro. O grande objetivo é, mais uma vez, segurar os funcionários-chave e principalmente executivos, garantindo que eles se comprometam com a estratégia e entrega em longo prazo.

#FICAADICA!

Não importa o tipo de remuneração ou benefício, as regras para elegibilidade devem ser sempre transparentes. Se você for um funcionário, informe-se sobre elas. Se você for o empregador, lembre-se de criar e divulgar regras específicas e claras para que não haja risco de injustiças ou favorecimentos indevidos.

Para que a remuneração variável funcione para valer, a construção e comunicação das metas tem que ser bem feita! Clareza, entendimento de todos e principalmente comprometimento são cruciais para chegar aos objetivos traçados e à remuneração prometida.

Foco na meta

como estabelecer objetivos eficientes!

Para equipe ou indivíduos, recomendamos seguir o modelo de metas SMART (ou "espertas", em português): eSpecíficas, Mensuráveis, Atingíveis, Relevantes, e que tenham um Tempo específico para acontecer. Já as mencionamos anteriormente. Agora vamos mostrar como funcionam.

Exemplo de META SMART:

Meta Geral: ampliar a carteira de clientes.

- **Objetivo Específico**: Trazer 10 novos clientes para a empresa nos próximos 12 meses.

- **Mensuráveis**: critérios concretos sobre a meta geral. "Quanto" e "quando".

-**Atingíveis**: A meta pode – e deve – ser desafiadora, mas não pode ser impossível! A dica é usar como base os resultados anteriores alcançados pela equipe (histórico de performances).

- **Relevantes**: A meta deve dar ao funcionário o sentimento de realização. Uma meta clara é aquela que pode ser cumprida e, para tal feito, seu caminho tem que estar bem explicado.

- **Tempo**: toda meta deve ter um prazo para ser cumprida. É isso que permite que o funcionário se organizar e trabalhe de maneira ordenada para alcançar o objetivo. No exemplo citado anteriormente, a meta deve ser cumprida em 12 meses. Sempre especifique o tempo.

Exemplo de META NÃO SMART:

Meta Geral: Desenvolver um Estagiário.

- **Objetivo Específico**: Treinar e capacitar um Estagiário, para que ele possa crescer na organização.

Neste caso, como ficam as métricas para mensurar o desempenho? Como saber se a meta foi atingida como deveria, ou se ficou 60, 70 ou 80% do esperado? A questão fica muito subjetiva, pouco estimulante, e ruim para chefe e funcionário, que não conseguem colher evidências de suas ações e faltam recursos que os direcionem na melhor execução.

As metas podem ser definidas para pessoas e/ou equipes e áreas. Em um caso ou em outro, elas devem estar diretamente ligadas ao contexto da organização, tornando-se importantes e relevantes para a estratégia e os objetivos da empresa. Quando definidas somente para indivíduos, fica mais fácil de serem monitoradas e atribuídas.

O equilíbrio não é tarefa fácil. Por um lado, com metas individuais, existe o risco de criar um clima de competição "canibal", uma vez que o incentivo para o resultado por funcionário será maior que o incentivo para o trabalho e resultado do time. Por outro, só ter metas em grupo, para área ou empresa, pode ser um mico maior ainda! Afinal, você dá chances para que *"free riders"*, "caronas", "espertinhos", "malandros" ou qualquer outro tipo de funcionário nessa linha fique "moscando" e se beneficie do esforço e da entrega do resto da equipe.

Para balancear isso, o ideal é uma combinação dos dois. Primeiro construa metas para a área ou equipe que só podem ser atingidas se todos se ajudarem e trabalharem em sinergia. Em seguida, para cada profissional, aí, sim, defina metas específicas.

Além de claras, é fundamental que as métricas de cumprimento das metas sejam lógicas e objetivas. Qualquer um que leia um plano de metas deve ser capaz de entender: o que deve ser feito, como, por quê, por quem e como saber quando a meta foi ou não atingida. Quanto mais objetivo for o indicador (números, índices e fatos), mais fácil é de apurar o resultado e menos confusão na hora do *feedback* e do pagamento de remuneração variável. Quando o assunto são resultados e recompensas, objetividade nunca é demais!

#FICAADICA!

Reconhecimento e Premiações não vêm só em forma de dinheiro. Antes de escolher uma empresa, fique de olho em tudo que ela oferece como oportunidades de desenvolvimento. Pergunte-se: "Se um dia eu deixar esta empresa, sairei um profissional melhor ou só um profissional com mais dinheiro na conta?"

Se você está considerando ampliar as suas estratégias de remuneração, recompensa e premiação, vá com calma. Planeje bem e comunique de forma clara. É melhor implementar um mecanismo ou programa por vez, de forma bem estruturada, do que muitos ao mesmo tempo, causando confusão e possíveis sentimentos de injustiça. Como diria Delfim Netto, "A parte mais sensível do corpo humano é o bolso".

CHECKLIST

LEMBRE-SE DOS PONTOS CRUCIAIS
DESTE CAPÍTULO!

Recompensas não financeiras são tão importantes quanto às financeiras.

Programas de recompensas e premiações devem ajudar o clima organizacional e aumentar o orgulho de pertencer à empresa.

Políticas de Remuneração e Benefícios devem estar alinhadas à estratégia e refletir os valores da companhia.

Clareza, transparência e planejamento são chaves para uma implementação e gestão de sucesso.

15

EMPREGO NOVO

Seu trabalho vai ocupar uma grande parte da sua vida, e a única maneira de estar verdadeiramente satisfeito é fazendo aquilo que você acredita ser um ótimo trabalho. – Steve Jobs

Um dos desafios mais complexos de uma trajetória profissional é a mudança de emprego. Seja para uma nova empresa ou para outra área dentro da mesma organização, fazer estas transições traz muito frutos, mas, se não tomar alguns cuidados, pode se transformar numa experiência amarga.

#FICAADICA!

Normalmente o que motiva uma mudança de emprego é a insatisfação com o atual. Até aí, tudo bem. O problema é quando a gente muda antes de tentar resolver essas pendengas. Em outras palavras, não saia à caça de um novo emprego porque está irritado com o atual chefe ou de "saco cheio" da sua função.

Antes de dar o passo da mudança e abraçar outra oportunidade, tenha certeza de que falou com seu chefe ou RH sobre suas insatisfações.

Mas, então, quais são os bons motivos para mudar de emprego? Quando participar daquele processo de recrutamento interno? Qual a melhor forma de gerenciar esta transição para que ela jogue a favor da sua carreira – e não contra?

Mudar de empresa

Mudar de empresa é sempre um baita desafio. Primeiro, porque, depois de algum tempo dentro de determinada organização, você tem algo muito valioso: o conhecimento dos bastidores e a habilidade de trabalhar em uma cultura determinada. Cada organização tem suas características e a chave do sucesso em cada empresa depende muito de dominar este conjunto de regras implícitas, que não está escrito em lugar nenhum, mas determina a forma como as pessoas tomam decisões e a empresa se movimenta.

O outro fator que torna a mudança de empresa tão complexa é a rede interna de contatos que só se constrói ao longo do tempo. Não estamos falando do acesso à lista de nomes e cargos que as pessoas ocupam ou de qual organograma elas fazem parte. Mas da história construída com essas pessoas, dos projetos divididos, dos momentos de trabalho, sucesso e dificuldades compartilhadas que criam os vínculos profissionais. E esses vínculos funcionam para os dois lados. Você conhece as pessoas e elas te conhecem, gestores e equipes sabem do seu potencial e sua entrega, e, caso sejam aspectos positivos, isso conta muitos pontos na ascensão de carreira. Como deixar tudo isso para trás?

Dominar a cultura e de fato conhecer as pessoas é fundamental para uma trajetória de sucesso. E isso leva tempo. Portanto, uma mudança de empresa deve ser feita pelos motivos certos e no momento preciso para cada carreira, para que o preço de perder este capital cultural e de relacionamento construído não saia caro demais.

O que justifica uma mudança de empresa?

Buscar oportunidades fora da empresa atual faz sentido quando não há mais identificação com aquela cultura, quando você não concorda mais com as decisões tomadas ou deixou de acreditar na gestão, na estratégia ou no modelo de negócios.

É importante entender se o que está acontecendo faz parte de um momento pontual (crise financeira, mudança de gestão ou business) ou se de fato é uma situação permanente. Também é uma questão importante entender se a sua insatisfação tem a ver com a sua área, equipe ou chefe ou se é algo relativo à companhia como um todo. Outro mobilizador que justifica procurar outra empresa é a falta constante de reconhecimento. É importante frisar o "constante", pois nem sempre a empresa consegue reconhecer de forma igualitária cada um dos seus funcionários, nem no tempo esperado por cada um. Para funcionar, uma empresa grande ou pequena precisa de regras, políticas, que, se por um lado ajudam a organização a funcionar, por outro podem "engessar" ou burocratizar as práticas de reconhecimento.

Este reconhecimento está alinhado aos valores da empresa e, portanto, pode acontecer na forma de remuneração ou outros benefícios e práticas. Procure analisar se não está de fato sendo reconhecido ou se o reconhecimento somente não está acontecendo quando e como você espera. O que queremos dizer é que o fato de não ter sido promovido ou recebido mais uma grana para pingar na conta em uma situação pontual não é motivo para jogar tudo para o espaço. Agora, se você nunca recebeu um aumento, foi promovido ou ganhou alguma premiação ou benefício, apesar de uma entrega brilhante, aí, sim, talvez o melhor seja ciscar no terreiro vizinho.

Caso você perceba que gosta da empresa, acredita nos valores e práticas, mas está cansado do seu trabalho atual ou não se identifica com a sua equipe e o seu gestor, vale a pena considerar outra posição dentro da própria organização. Para isso, existe o recrutamento interno. Falaremos sobre esta prática ainda neste capítulo.

Bem, você pensou, refletiu e decidiu que de fato quer mudar de empresa. Não é um rompante impensado, pontual ou precipitado. OK. A partir deste momento, todo cuidado é pouco. Idealmente o seu gestor direto deve ser comunicado sobre a sua decisão de sair da empresa. Esta é uma conversa delicada que só deve acontecer se existir de fato uma relação de confiança entre vocês.

Independentemente do momento em que decidir contar a sua decisão de sair, isto não pode vir como uma surpresa. Ou seja, você já deve ter tido outras conversas e sinalizações anteriores, expondo sua eventual insatisfação e intenção de mudança. Fingir que está tudo bem, não se posicionar e de repente sair para outra oportunidade pode manchar (e com razão) sua imagem profissional. Caso decida contar somente quando estiver nas fases finais de um processo, ou depois de receber uma proposta, mantenha esta decisão para todos da empresa; se contar para os colegas, seu chefe pode acabar sabendo e de fato terá todos os motivos para se sentir traído.

Depois de receber uma proposta avalie se ela vale a pena e cuidado se for usá-la para fazer "leilão". Voltar para seu chefe e barganhar um salário ou cargo maior porque tem outra proposta em mãos pode não deixar a melhor imagem. Sair perguntando "quem dá mais" por sua carreira pode marcar pontos contra sua imagem profissional e acabar te deixando queimado no mercado. Muita cautela. Por outro lado, dê a chance de a empresa e de a gestão fazerem algo para cuidar das suas questões, oferecer uma contraproposta e, se for do interesse deles, te reter na empresa.

Durante a transição para a nova empresa, faça combinados claros com os dois lados e o possível para não deixar ninguém "na mão". Procure negociar um prazo de início razoável para começar no novo emprego de forma que tenha tempo para finalizar seus principais projetos e tarefas ou pelo menos passe suas atividades de forma consistente. Fique à disposição de quem for assumir suas atividades, se disponha a tirar dúvidas com quem ocupará o seu lugar. Isto contará pontos a seu favor com o antigo e com o novo chefe. O único cuidado é quando a transição for feita para uma empresa concorrente direta. Neste caso, alinhe com seu novo e antigo chefe, se pode ou não se comunicar com seu substituto por um período breve de tempo para garantir que a sua saída não gere desconfortos e prejuízos para seu antigo empregador. Demonstrar esse grau de responsabilidade e cuidado faz de você um profissional ético, maduro e respeitado.

Recrutamento interno

mudar de emprego na mesma empresa

O recrutamento interno está virando uma prática cada vez mais comum. Normalmente liderado pelo RH, este processo prevê que, antes de uma vaga ser aberta para o mercado, a empresa deve tentar preenchê-la com algum candidato do seu atual time de funcionários. Este candidato pode estar dentro da própria área, em outra área ou numa localização geográfica diferente. Pode estar inclusive em outra unidade de negócio dentro da mesma empresa. A ideia aqui é dar a chance de as pessoas terem várias trajetórias dentro do mesmo empregador e principalmente crescer e se desenvolver dentro da própria companhia.

Por que o recrutamento interno é uma boa para as empresas?

Esta prática é interessante para empresas, pois, além de economizar tempo e dinheiro com o recrutamento externo, elas ainda conseguem reter seus talentos e manter dentro "de casa" os profissionais que já estão alinhados com a cultura da companhia. Mesmo mudando de área e passando por um período de adaptação, o tempo para um funcionário recrutado dentro da própria empresa se acostumar na nova área, normalmente, é menor do que para aqueles que vêm de fora.

O OLHAR DA EMPRESA

O RECRUTAMENTO INTERNO É **BOM** PORQUE PROPORCIONA...

- Valorização da equipe: funcionários se sentem prestigiados
- Custo menor no processo seletivo
- Retenção de talentos
- Continuidade da cultura empresarial

O RECRUTAMENTO INTERNO É **RUIM** PORQUE...

Não traz novos insights ou bagagem de outra cultura empresarial.

Não traz expertise ou técnicas de mercado.

Diminui a competitividade "saudável", pois profissionais internos sentem que sempre terão um lugar para eles na empresa, independentemente de sua performance.

Há uma perda de contato com a concorrência ou mercados correlatos, uma vez que esta inteligência não é absorvida pela empresa através da entrada de novos profissionais.

PARA QUE O RECRUTAMENTO INTERNO FUNCIONE É PRECISO...

Transparência em todo o processo. Critérios de seleção claros.

Divulgação. Toda a empresa precisa estar ciente do processo e das oportunidades. E um chefe não pode perder um funcionário para outra área sem sequer ser informado.

Uma vez estabelecido e divulgado, o processo de recrutamento interno precisa ser seguido para preservar a integridade e imagem do RH e da empresa.

É necessário pensar e cuidar do processo caso o profissional interno não seja aprovado para a "nova" vaga e área. Dar **feedback** consistente e ajudá-los, o chefe e a equipe, a lidar com a continuidade na posição atual.

Bom, esse é o olhar da empresa. Mas... como fica para você? Participar de um recrutamento interno é uma boa tacada?

Por um lado, seu tempo investido para fazer uma mudança de emprego dentro da mesma empresa certamente será menor. Ainda como vantagens, tem o fato de que caso goste da empresa e da cultura esta é uma forma de ficar nela e ao mesmo tempo conhecer outras áreas, ganhar novos aprendizados e crescer profissionalmente. Outro ponto importante é que, quando você, dentro da mesma empresa, as pessoas já conhecem você, seu histórico e suas realizações. Se teve um bom desempenho até aqui, ponto a seu favor!

Já o lado ruim é que, caso você não tenha tido um desempenho para ser lembrado ou acumule qualquer problema comportamental ou de alinhamento a valores, este histórico te acompanha com mais força se a mudança é na mesma empresa.

Sempre que for participar de processos de recrutamento interno, investigue. Cada empresa funciona e pratica o recrutamento de uma forma e com detalhes diferentes. Algumas exigem que seu chefe atual autorize a sua participação, outras pedem que você comunique sua decisão de participar.

Nossa recomendação é que, havendo uma relação de confiança entre você e seu chefe, o ideal é ser transparente quanto à vontade de trabalhar em outra área. Se essa relação for realmente de confiança, seu chefe não vai ficar surpreso pela noticia, pois ele já sabe o que você gosta ou não no atual trabalho, seus desejos e aspirações de carreira.

Depois do processo seletivo e da decisão de mudar de área, combine os prazos e finalize seus projetos e atividades com responsabilidade. Fazendo parte da mesma empresa, é mais fácil ficar à disposição da antiga equipe e do seu substituto para ajudar e tirar dúvidas que surjam depois da transição.

PISANDO EM OVOS

OS CUIDADOS PARA QUE A MUDANÇA DE CARGO DENTRO DA MESMA EMPRESA FUNCIONE:

Cheque as regras de elegibilidade e funcionamento.

Mesmo que a regra não exija, caso tenha um relacionamento de confiança com seu chefe, conte a verdade. Se decidir não contar para o chefe, não conte para mais ninguém.

Mude de área dentro da mesma empresa quando você gosta da empresa e tem alinhamento à cultura.

Não faça leilão com a sua carreira. Se decidiu sair por um motivo justo, de posse de uma boa proposta, aceite e mude.

Depois da decisão de mudar, faça o possível para que sua transição seja saudável para todos. Combine prazos adequados, finalize suas principais atividades e faça um plano de transição para preparar a equipe ou seu substituto para que assumam suas atribuições da forma mais organizada possível. Fique à disposição do antigo chefe e equipe. Seja responsável.

Mudei de emprego

e agora?

Ainda que a mudança seja feita para uma posição dentro da mesma empresa, alguns pontos são fundamentais para que a transição seja considerada um sucesso. Listamos aqui os pontos cruciais a serem observados logo após o início em um novo emprego:

Reconheça seu histórico, honre suas conquistas, mas entenda que o foco agora é **aprender**. Você foi contratado levando em conta tudo o que fez até aqui, mas nada disso vai adiantar se não conseguir conhecer os desafios e entregar novos resultados. Mapeie os pontos que menos conhece (cultura da empresa/área, conhecimentos técnicos ou de processos, modelo de negócio, pessoas etc.) e trace um plano de trabalho para aprender o que falta.

Antes de propor suas ideias e alternativas, conheça as pessoas, como elas pensam e como as coisas são feitas hoje. Demonstre respeito pelo trabalho realizado até a sua chegada.

De cara, faça combinados claros com seu novo chefe. Alinhe expectativas sobre a sua atuação, principais projetos, atividades e entregas. Mantenha contato frequente com o gestor da equipe. Conte sobre seus progressos, peça ajuda, demonstre que está empenhado em aproveitar esta oportunidade de aprender tudo o que puder para fazer um ótimo trabalho.

Conquiste seus pares, ajude para ser ajudado. Mostre que veio agregar ao time e que fará tudo o que puder para ensinar o que sabe e aprender com a equipe.

Procure oportunidades para **"quick wins"** ou em bom português, rápidas vitórias. Por serem rápidas, estas conquistas tendem a ser pequenas – um novo jeito de fazer um relatório, uma nova forma de construir uma proposta comercial ou gerenciar cronogramas. Aporte rapidamente algo que a equipe e a gestão reconheçam como uma melhoria para todos. Isso ajuda a construir sua credibilidade!

CHECKLIST

LEMBRE-SE DOS PONTOS CRUCIAIS DESTE CAPÍTULO!

Nem toda insatisfação é motivo para mudar de carreira. Muitas vezes uma mudança de empresa, ou de área dentro da mesma companhia, pode ser a melhor alternativa.

Tente resolver suas insatisfações com seu gestor e equipe antes de tomar uma decisão drástica.

Falta de reconhecimento, apesar de excelente entrega ou desalinhamento com a cultura, justificam a mudança de empresa.

Se decidir mudar, tome cuidado com a confidencialidade das informações e da sua participação em processos seletivos. Conte para todos ou não conte para ninguém.

Fique atento às oportunidades e regras de recrutamento interno. A vaga dos seus sonhos pode estar mais perto do que imagina.

De posse de uma nova proposta de trabalho, seja ético. Dê a sua empresa atual o direito de contra-argumentar, mas evite leiloar seu salário e sua carreira.

16

A HORA DA **GUINADA**

como mudar radicalmente de carreira

Siga seus sonhos. Eu não estou dizendo que vai ser fácil, mas estou dizendo que vai valer à pena. – Moffat Machingura

Se mudar de uma empresa para outra já não é um movimento fácil, dar uma guinada completa na sua carreira é ainda mais complexo!

A pergunta que normalmente mobiliza essas transições é:

Será que estou satisfeito com minha carreira?

Seu momento profissional e sua trajetória são compatíveis com o que você sonhava no passado? A empresa e o setor em que atua proporcionam entusiasmo, ânimo, vontade de trabalhar e apetite para crescer? Você se imagina trabalhando com isso daqui a cinco, dez, vinte anos?

Muitas vezes você cai em uma determinada profissão, área ou empresa por fatores externos que têm pouco a ver com o que gosta de fazer e faz bem. Talvez o acaso ou a necessidade tenham te empurrado para um tipo de trabalho que não é o que te faz feliz.

Esta combinação entre o que a gente gosta e no que somos bons é fundamental para maximizar suas chances de crescimento. Talvez você goste do seu trabalho, mas está insatisfeito com a sua atual empresa. Talvez goste da empresa, mas não da sua área de atuação. Talvez a família tenha pressionado para fazer uma faculdade e assumir uma posição com a qual você nunca sonhou.

Talvez você tenha feito todas as escolhas por conta própria, mas percebeu depois de alguns anos que a realidade foi muito diferente da sua expectativa original. Talvez você tenha mudado de vida, de opinião e como consequência tem agora novos objetivos profissionais.

Seja qual for a razão, é possível, compreensível e em certa medida comum, que o profissional chegue a um ponto de insatisfação e consequente desmotivação ao perceber que não gosta do que faz. Que nutra sonhos, vontades, anseios profissionais diferentes, e tenha, portanto, o desejo de mudar completamente de carreira.

#FICAADICA!

Toda mudança de carreira demanda planejamento. Entre a decisão de mudar de carreira e a mudança em si, devemos investir no mínimo seis meses para que a transição seja bem feita.

Se você decidir abandonar seu cargo, empresa, função, salário e virar o timão da sua trajetória, não deve fazer isso de forma improvisada, no susto ou na empolgação do momento. Para que o resultado seja a melhor transição possível, é recomendável planejamento. Mudar com estratégia. E realizar assim uma guinada profissional que te coloque no rumo certo da trajetória que você almeja.

Uma mudança de carreira implica em algumas "perdas". É como se desse um passo para o lado ou até para trás antes de poder dar novos saltos à frente. Isso acontece porque ao decidir por uma nova carreira, você também adquire a necessidade de aprender, desenvolver novos conhecimentos, um repertório novo de comportamentos, contatos, forma de trabalho.

FOCO NISSO!

OS OITO PASSOS PARA FAZER UMA GUINADA BEM-SUCEDIDA NA CARREIRA

Entenda se quer mesmo mudar de carreira ou só de emprego.

Mapeie prós e contras da mudança.

Assegure-se de que seu hobby ou interesse podem ser de fato uma carreira.

Decida qual o tipo de mudança quer fazer: área de atuação, empreender, carreira pública, carreira acadêmica ou carreira autônoma.

Trace um plano de passos para fazer a mudança.

Faça um planejamento financeiro.

Crie um mapa de aprendizados, identificando tudo o que terá de aprender para ser bem-sucedido na transição. Assegure-se de que tem os recursos (dinheiro, tempo, contatos) para adquirir estes novos conhecimentos.

Estabeleça um prazo final para a transição.

Nem toda insatisfação no trabalho deve levar a uma mudança de carreira. Caso você esteja tendo dificuldades de relacionamento com seu chefe ou sua equipe, não compartilhe mais dos valores e modelo de gestão da empresa ou sinta falta de reconhecimento profissional, vale mais a pena considerar uma mudança de empresa do que uma mudança de carreira. Faça esta análise antes de tomar uma decisão.

Caso tenha refletido e os motivos que te deixam insatisfeito tenham a ver com seu modelo de trabalho e área de atuação, aí, sim, vale a pena mirar em uma nova carreira. Diante desta constatação, faça uma lista de prós e contras da potencial mudança, para se certificar de que os ganhos vão superar as perdas.

Muitas pessoas que têm um hobby ou forte interesse em determinado assunto ou área podem ter o desejo de transformar isso em profissão, mas nem sempre a atividade feita no tempo livre tem potencial para se tornar uma carreira. O fato de gostar de fazer algo como fotografar a família, por exemplo, não significa necessariamente que você tenha talento suficiente para ser um fotógrafo profissional, e nem que o mercado de trabalho para esta profissão seja favorável. Você está disposto a mudar sua vida para mergulhar em um setor pouco promissor, de baixa remuneração ou alto risco de fracasso? Avalie bem as condições da mudança. Nem sempre a vida permite um replay, e voltar atrás profissionalmente pode exigir de você um custo muito alto.

As guinadas de carreira menos arriscadas são normalmente aquelas em que muda-se de área de atuação, dentro de um mesmo modelo. Por exemplo um gerente financeiro de uma empresa de grande porte que decide migrar para marketing. Nestes casos, quanto maior a afinidade da área original para a nova, mais tranquila é a transição. Um profissional de Vendas terá menos dificuldade de mudar para Marketing do que para Produção, uma vez que essas áreas de conhecimento (Vendas e Marketing) já atuam lado a lado nas organizações. Apesar de mais suaves, transições desse tipo (de área dentro de uma mesma empresa) também exigem novos aprendizados e conhecimentos.

Já as mudanças que envolvem um novo modelo de trabalho, num universo e ambiente totalmente novos, são verdadeiramente complexas. Vamos analisar cada uma delas:

Empreender

A decisão de empreender representa uma baita guinada! Normalmente ela brota do desejo de criar algo totalmente novo, ou de ganhar independência de uma chefia ou cultura empresarial já existente. Criar uma empresa ou tornar-se dono do próprio negócio realmente confere ao empreendedor a possibilidade de criar a sua própria cultura, a chance de ganhar mais dinheiro e ter autonomia. Mas neste tipo de carreira os riscos também são maiores.

Primeiro, porque o dinheiro investido é do próprio bolso. Essa é uma grande mudança, principalmente para aqueles que sempre trabalharam como funcionários. Colocar o capital em risco é sempre mais estressante do que trabalhar com os recursos e dinheiro dos outros. Outro ponto importante é o fato de não ter chefe, não significa que o empreendedor trabalhe menos ou tenha uma superqualidade de vida. Talvez tenha um pouco mais de flexibilidade de horário, mas não podemos esquecer que o empreendedor tem o chefe mais difícil de todos: o cliente ou o consumidor! Agradá-los é fundamental para o sucesso de qualquer empresa – e não é tarefa fácil.

Empreender é uma jornada árdua, cheia de aventuras e riscos, mas para aqueles que conseguem aprender a lidar com essas incertezas, pode ser muito recompensador. Ver a sua ideia e o seu capital crescendo e se transformando num produto e serviço querido pelas pessoas é realmente muito gratificante! E pode se tornar um ótimo negócio.

Carreira pública

O Brasil é um país onde ser funcionário público é o sonho de carreira de muita gente. De olho nos altos salários e na estabilidade, muitas pessoas decidem prestar concurso público.

Para quem está avaliando trilhar este caminho é fundamental ter dedicação e persistência. A concorrência tende a ser muito alta. Mas, antes de se afundar em livros e em horas de estudo, é importante saber que esta carreira não é a mais indicada para qualquer tipo de trabalhador. Será que o seu perfil se encaixa?

A carreira pública é muito diferente da trajetória no setor privado, e quem vai avançar nesse caminho precisa conhecer essas disparidades. A primeira grande diferença está nos mecanismos de seleção. Enquanto a maioria das empresas privadas usam entrevistas, avaliação de conhecimentos técnicos e comportamentais para decidir quem contratar, o setor público faz a peneira via concursos, organizados em provas que visam a selecionar os candidatos com mais conhecimentos e informações relevantes para cada cargo. Aqui, quem tem disciplina para estudar (e muito) tem mais chances do que aqueles que preferem "pôr a mão na massa". A partir da Constituição de 1988, a maioria dos cargos públicos só pode ser preenchida através dos concursos. Isso significa que ainda existe uma minoria de cargos preenchidos "à moda antiga", através de indicações.

Uma vez dentro do setor público, a segurança é uma questão-chave e vista como grande vantagem deste modelo de carreira. Antes mesmo da contratação, o servidor já tem acesso ao salário que vai ganhar caso seja aprovado, e, geralmente, eles são mais altos que os praticados na iniciativa privada. Por outro lado, para ser promovido nas empresas públicas, é necessário prestar outro concurso mesmo que dentro do mesmo órgão e instituição. O servidor público só pode ser demitido caso cometa infrações previstas na lei que rege o seu cargo, fato que dá a fama de estável à carreira pública.

Isso significa que o servidor público trabalha menos que o profissional de uma empresa privada? Não necessariamente. Muitos cargos públicos exigem horas de dedicação semelhantes ou maiores do que cargos em empresas privadas ou carreira empreendedora.

A carreira pública é indicada para aqueles que gostam de estudar e trabalhar sob um conjunto de regras e esfera de atuação bem definidas. O respeito à hierarquia e capacidade de influência e articulação política também são importantes para o sucesso neste modelo. Aqueles que gostam de trabalhar com muita autonomia, modelos flexíveis de horário e gestão não devem considerar esta carreira.

Carreira acadêmica

Já falamos aqui sobre os diferentes tipos de pós-graduação existentes no mercado e a quais públicos e objetivos elas se adequam melhor. Aqueles que desejam trilhar a carreira acadêmica dedicam-se inicialmente à graduação e, normalmente, iniciação científica, mestrado, doutorado, podendo chegar até ao pós-doutorado. Este modelo de carreira pode ser uma decisão exclusiva ou inicial feita até mesmo antes ou durante a graduação, ou uma mudança de carreira ao longo da vida.

Aqueles que optam pela trajetória acadêmica normalmente fazem uma transição gradual, mantendo sua primeira opção de carreira, enquanto buscam a titulação mínima necessária para atuar como professor em uma instituição de ensino superior (de acordo com a Lei de Diretrizes e Bases de 1996, um terço do corpo docente das instituições de ensino superior deve ter no mínimo título de mestre ou doutor).

Para ter sucesso nesta carreira é fundamental que o profissional tenha disciplina e interesse em estudar e aprofundar o conhecimento em uma determinada área ou campo de estudo, além, é claro, do interesse e habilidades necessárias para ensinar. Ser referência e lecionar pode proporcionar grande reconhecimento e até status, mas é acompanhado de grandes responsabilidades. É importante lembrar que a carreira acadêmica tem uma lógica de remuneração baseada na quantidade e qualidade de títulos que o profissional possui (mestrado, doutorado, pós-doutorado) e consequentes pesquisas e trabalhos ou artigos publicados. Apesar de progressiva, a remuneração no mundo acadêmico normalmente é menos agressiva do que o mercado corporativo ou atividade empreendedora, por isso não é incomum encontrar acadêmicos que também mantêm uma segunda carreira ou atuação, como consultor, coordenador de um departamento dentro da própria universidade, executivo e até mesmo empresário ou empreendedor.

Uma mudança para carreira acadêmica deve ser cuidadosamente planejada, pois conquistar a titulação necessária, mesmo a mínima, leva tempo e exige um investimento grande de foco e dedicação.

Carreira autônoma

Conhecidos como Consultores ou *Freelancers*, são profissionais que têm uma atuação autônoma, prestando serviços para outras empresas. Funciona quase como uma carreira empreendedora, a diferença é que o profissional e seu trabalho representam a empresa e seu serviço ou produto.

A escolha deste tipo de carreira é comum em áreas criativas como *design*, de inteligência como consultoria, tecnologia como programadores, saúde como médicos, psicólogos e dentistas, ou prestação de serviços em geral: *coaching*, gestão de projetos, fotografia etc. Vale a pena pensar neste modelo de carreira quando o profissional é um *expert* num determinado assunto ou função e entende que o mercado tem demanda para seus serviços. Mais do que simplesmente ser muito bom em algo, é necessário que você tenha habilidades e conhecimentos comerciais e administrativos mínimos, pois terá que também vender seu trabalho e, provavelmente, administrar uma pequena empresa.

É importante lembrar que a carreira autônoma, assim como a empreendedora, não oferece a segurança de um emprego, uma vez que o profissional não tem vínculo empregatício e, portanto, não desfruta de benefícios e remuneração fixa, dependendo exclusivamente de seu próprio desempenho para ser remunerado.

Agora que mapeamos as características de cada modelo de carreira, é hora de traçar um plano. Este plano deve conter um passo a passo do que você vai fazer até o momento da transição. Idealmente você deveria ter tempo integral para se dedicar a esta transição, mas, no mundo real, em função de necessidades financeiras ou pelo alto risco da mudança, a maioria das pessoas se prepara para a nova carreira enquanto ainda trabalha na atual.

Neste caso, o desafio é conciliar as atividades sem "deixar a peteca cair" no trabalho, manter o mesmo nível de desempenho mesmo diante de todas as novas atividades. Para isso acontecer, normalmente o tempo pessoal é sacrificado, então para aqueles que têm família e outras responsabilidades é importante fazer combinados claros para que tudo aconteça de forma saudável. Outra possibilidade é fazer, enquanto empregado, uma reserva financeira suficiente para manter-se depois da mudança de carreira.

Essa poupança é fundamental. Com a guinada, você vai entrar novamente na parte inicial da curva de aprendizado, e, enquanto a iniciativa não rende frutos financeiros, a remuneração nesse novo cenário tende a ser menor. Por isso a reserva ajuda a complementar a renda caso como parte da transição você aceite uma proposta salarial menor que a atual. Você também pode precisar dos recursos para financiar cursos e viagens ou investir em um negócio próprio.

Muitas pessoas não fazem este planejamento financeiro e ficam sem recursos no meio da transição, fazendo com que o profissional acabe desistindo da mudança ou atrasando muito os planos. Nos dois casos, é um “complicômetro” desnecessário para este momento.

O ponto-chave de uma mudança de carreira é entender que ela implicará em um “pedágio”. Este valor pode ou não ser pago na forma de um decréscimo inicial de salário. Fato é que a guinada e o aprendizado não sairão de graça. Vão exigir recursos, tempo, energia, empenho, esforço. Para maximizar este investimento, faça uma lista dos 10 pontos-chave que você precisa aprender para ser bem-sucedido na nova carreira. Se tiver dificuldades, peça ajuda para outras pessoas que fizeram esta transição, que já atuam na sua nova área de interesse ou até mesmo para um *coach*. Esta lista deve conter conteúdos técnicos e acadêmicos, comportamentais e de relacionamento com o mercado. A partir da lista, crie um plano de trabalho para atacar cada necessidade. Criamos uma lista fictícia para ilustrar este processo.

Exemplo: Mudança de carreira – De Funcionário para Empreendedor (No nosso exemplo, dono de franquia de Padaria no interior de São Paulo).

APRENDIZADO NECESSÁRIO	PLANO DE AÇÃO
Conceitos de Gestão de Pequenas Empresas	Fazer curso de gestão de pequenas e médias empresas. Pesquisar no SEBRAE cursos, datas e preços.
Conhecer mercado de padarias em São José do Rio Preto	Pesquisa de campo: visitar e conhecer 10 possíveis concorrentes, mapeando prós e contras de cada um, além de pontos de melhoria que podem ser diferenciais do meu negócio. Buscar dados e informações na ABIP - Associação Brasileira da Indústria de Panificação e Confeitaria.
Estudar modelo de franquia	Conversar com dono de franquia para entender o modelo, como foi a decisão, prós e contras. Buscar informações na ABF - Associação Brasileira de Franchising.

Por último, estabeleça um prazo final para a transição, assim como marcos importantes até este prazo, para que possa monitorar o seu progresso.

Mas, apesar do eventual medo que pode aparecer nessa hora, do receio de não dar certo, do salário temporariamente menor, da insegurança de começar em uma empresa, função, equipe e carreira completamente novas, a maioria dos profissionais que fazem a guinada em direção à profissão dos seus sonhos relata experiências contagiantes! Poucos se arrependem. Em coro, costumam dizer que valeu a pena!

Lembre-se de que você passa pelo menos oito horas por dia se dedicando justamente ao trabalho. Se somar o tempo de deslocamento de casa para lá, ida e volta, e todas as horas extras que possivelmente faz, vai perceber que fica mais no trabalho do que com a família. É ele que ocupa a maior parte do seu dia e da sua vida. Não torne isso um martírio! Não faça por anos a fio algo que você detesta apenas pela segurança, estabilidade, remuneração ou pelo medo da mudança. Dedique-se profissionalmente àquilo que te apaixona! E o crescimento na carreira, o aumento do salário, o progresso profissional virão como consequência – e com uma facilidade surpreendente.

CHECKLIST

LEMBRE-SE DOS PONTOS CRUCIAIS DESTE CAPÍTULO!

Mude porque realmente quer algo novo e diferente e não porque está insatisfeito com o que está fazendo atualmente.

Para a mudança ser bem-sucedida, é necessário um planejamento mínimo de seis meses para a transição.

Compreenda que uma mudança de carreira envolve perdas; trace um plano de ação para que consiga se preparar adequadamente para assumir esta nova carreira.

Investigue profundamente os prós e contras da mudança antes de tomar uma decisão. Para isto, converse com quem já passou por este processo ou contrate um coach especializado.

Aprender é palavra de ordem. Seu grande desafio será adquirir novos conhecimentos, contatos e habilidades.

17

AGORA É COM VOCÊ!

Chegamos ao fim.

Ao longo dessas páginas passamos pelos desafios que aparecem em diversos estágios da trajetória profissional.

Falamos sobre os micos a serem evitados, explicamos as estratégias que favorecem um avanço acelerado na carreira, traçamos os prós e os contras de uma vasta gama de possibilidades profissionais. Recrutamento interno ou externo. Especialização ou MBA. Trainee ou analista. Carreira linear ou em Y. Concurso público ou setor privado.

Indicamos os maiores acertos e os erros em cada etapa do desenvolvimento. E demos conselhos, *insights*, dicas e sugestões para melhorar sua caminhada profissional e seu desempenho na entrevista, no processo seletivo, na elaboração do currículo, na hora da promoção.

Agora, é com você!

Com esse material em mãos e os tópicos que falamos na cabeça, você tem bons instrumentos para fazer o ajuste necessário na sua carreira.

E estamos confiantes de que nossa contribuição será valiosa para que se torne um profissional mais completo e tenha um futuro ainda mais brilhante!

Sucesso!

Dony, Maíra e Sofia

Notas

1 Estes são exemplos fictícios, e qualquer semelhança com a realidade é mera coincidência
2 Entrevistados em 2014.
3 Editora Abril, dados até setembro de 2013.
4 Levantamento de 2014
5 Esta classificação é feita pela Anamba (associação brasileira de MBAs)
6 Fonte: website Ciência sem Fronteiras
7 Referências: McKENNA, R. "Steve Jobs, por Regis McKenna: o empresário, por seu mentor." HSM Management n.90, jan-fev/2012, p. 61-86.
8 Guia melhores empresas para começar a carreira
9 Cia de Talentos
10 Guia Melhores Empresas para Começar a Carreira
11 Pesquisa DMRH

2ª reimpressão	*Junho de 2015*
papel de miolo	Offset 90gr/m^2
papel de capa	Cartão Supremo 250 g/m^2
tipografias	Sentinel, Sanuk e Josh Handwriting